Workbook/Laboratory Manual for

NEUE HORIZONTE

Workbook/Laboratory Manual for

NEUE HORIZONTE

David Dollenmayer

Massachusetts Institute of Technology

Ellen Crocker

Massachusetts Institute of Technology

Thomas Hansen

Wellesley College

D. C. HEATH AND COMPANY

Lexington, Massachusetts • Toronto

Published simultaneously in Canada.

Printed in the United States of America.

International Standard Book Number: 0-669-04535-7

Preface for Teachers and Students

The *Workbook/Laboratory Manual* for **Neue Horizonte** provides further practice in writing and listening to German.

Various writing exercises in each chapter of the Workbook use and recombine the vocabulary and grammatical structures presented in the corresponding chapters of the text. Line art and realia vary the pace occasionally. Students can check their answers for the written exercises immediately with the Answer Key in the back of the book. Open-ended exercises are indicated in the Answer Key with the phrase ''Answers will vary.'' They should be corrected by the teacher.

The Laboratory Manual is for students' use with the Tapes for **Neue Horizonte.** Students can refer to the corresponding sections in the text on the pages indicated at the beginning of each manual exercise. The laboratory exercises include oral practice of the dialogues, questions for the dialogues, practice with new combinations of the grammatical structures and vocabulary, pronunciation practice, practice with stress, and a dictation that summarizes each lesson. Specific directions to these exercises are recorded on tape and printed on the first page of each chapter of the Laboratory Manual.

When using the *Übungen zur Betonung,* please note that the divisions of syllables for practice with stress are not necessarily the divisions used for hyphenation in writing. The words are listed showing correct stress at the end of this volume in the Laboratory Manual Answer Key.

Contents

WORKBOOK

1

A. Supply the correct definite article.

   1. Das ist .... Student.

   2. Das ist .... Kind.

   3. Das ist .... Gruppe.

   4. Das ist .... Deutsche (*m.*).

   5. Das ist .... Suppe.

   6. Das ist .... Mensa.

   7. Das ist .... Büro.

   8. Das ist .... Schüler.

   9. Das ist .... Haus.

10. Das ist .... Amerikanerin.

B. Rewrite each sentence, replacing the indefinite article with the corresponding definite article.

   1. Hier ist eine Tafel.

   ....

   2. Ist das ein Buch?

   ....

   3. Wohnt ein Kind hier?

   ....

4. Arbeitet eine Lehrerin viel?

....

5. Ein Student ist oft in Eile.

....

C. Fill in the blank with the appropriate pronoun.

EXAMPLE: Das ist die Frau.
          Sie ist freundlich.

1. Wie ist die Suppe?

.... ist gut.

2. Wie ist das Wetter?

.... ist schlecht.

3. Wo ist das Büro?

Hier ist ....

4. Wann scheint die Sonne wieder?

Morgen scheint .... wieder.

5. Wie ist der September in Wien?

.... ist schön.

6. Wo arbeitet der Herr?

.... arbeitet im Büro.

D. Rewrite the following sentences, replacing each subject with the pronoun in parentheses, and changing each verb to agree with the new subject.

EXAMPLE: *Ich* komme heute abend.   (er)
          Er kommt heute abend.

1. *Horst* wohnt in Deutschland.   (ich)

....

2. *Wir* kommen morgen zurück.   (er)

....

3. *Wir* arbeiten viel.   (sie, *sing.*)

....

4

4. *Michael und Karin* arbeiten nicht sehr viel.   (du)

....

5. Heute bin *ich* in Eile.   (du)

....

6. Was mache *ich* morgen?   (Sie)

....

7. *Herr und Frau Lehmann* fliegen nach New York.   (ihr)

....

8. Was machen *Sie* heute abend?   (er)

....

9. Heute abend gehe *ich* zu Horst.   (ihr)

....

10. Morgen spielen *die Kinder* draußen.   (wir)

....

E. Supply the correct form of the verb **sein** in the following exchanges.

1. .... du in Eile?

   Ja, ich .... in Eile.

2. Wo .... ihr am Mittwoch?

   Wir .... in Berlin.

3. Wo .... Michael?

   Michael und Thomas .... draußen.

4. .... Sie morgen auch in Berlin?

   Nein, morgen .... ich in Wien.

   Frau Hauser und Herr Lehmann .... morgen auch in Wien.

5. Herr Lehmann .... am Freitag wahrscheinlich in Wien.

   Aber Frau Hauser .... wieder zurück.

F. Rewrite the following sentences, making each subject plural and changing each verb accordingly.

EXAMPLE: Der Herr kommt heute zurück.
Die Herren kommen heute zurück.

1. Die Frau studiert in Wien.

   ....

2. Das Kind macht das oft.

   ....

3. Das Haus ist nicht schön.

   ....

4. Der Schüler arbeitet bis elf.

   ....

5. Die Amerikanerin fliegt nach Deutschland.

   ....

6. Der Amerikaner sagt: „Guten Morgen".

   ....

7. Die Gruppe ist endlich hier.

   ....

8. Der Deutsche ist ziemlich formell.

   ....

9. Der Herr denkt das auch.

   ....

10. Das Büro ist in Wien.

   ....

G. Begin each sentence with the word or phrase in italics, and make the necessary changes in word order.

EXAMPLE: Karin kommt *heute abend*.
Heute abend kommt Karin.

1. Viele Amerikaner denken *so*.

   ....

6

2. Das Wetter ist *heute* schlecht.

   ....

3. Wir gehen *um sieben* zu Horst.

   ....

4. Im April regnet *es* immer viel.

   ....

5. Michael fliegt *Freitag* nach Wien.

   ....

6. Herr Lehmann wohnt *vielleicht* in Berlin.

   ....

7. Die Gruppe arbeitet *oft* im Januar.

   ....

8. Die Studenten sind *natürlich* freundlich.

   ....

H. Write yes/no questions with the following cues. Address the people named in parentheses.

   EXAMPLE: kommen / wieder?   (Karin)
              Kommst du wieder?

   1. gehen / zu Karin?   (Monika)

   ....

   2. kommen / heute?   (Frau Schmidt)

   ....

   3. arbeiten / im Moment?   (Horst)

   ....

   4. fliegen / um elf?   (Herr und Frau Lehmann)

   ....

   5. sein / in Eile?   (Karin und Michael)

   ....

6. machen / das / heute?   (Herr Hauser)

....

7. arbeiten / heute allein?   (Thomas)

....

8. fliegen / heute abend?   (Herr und Frau Kuhn)

....

I.   Write questions and answers in full sentences, using the cues below.

    EXAMPLE: wann / kommen / ihr / zurück?   **Wann kommt ihr zurück?**
                 (morgen)   **Morgen kommen wir zurück.**

1. wann / arbeiten / du / ? ....

   (heute abend) ....

2. gehen / Thomas / auch / zu Monika / ? ....

   (ja) ....

3. wo / spielen / das Kind / ? ....

   (draußen) ....

4. wann / fliegen / ihr / nach Berlin / ? ....

   (im September) ....

5. fliegen / wir / allein / ? ....

   (ja) ....

6. was / machen / Thomas / im Moment / ? ....

   (in München studieren) ....

7. wer / gehen / zu Karin / ? ....

   (wir) ....

8. warum / sein / Frau Kuhn / in Eile / ? ....

   (um elf fliegen) ....

2

A. Write questions, addressing the people named in parentheses with the correct second-person pronoun: **du, ihr** or **Sie.**

 EXAMPLE: haben / Kinder ? (Herr Müller)
 Haben Sie Kinder?

 1. Wie / heißen ? (Angelika)

 ....

 2. wissen / was der Lehrer meint ? (Tobias und Andreas)

 ....

 3. fahren / heute nach München ? (Marie)

 ....

 4. sprechen / Deutsch ? (Frau Richter)

 ....

 5. haben / viel Geld ? (Georg)

 ....

 6. kennen / München ? (Herr und Frau Lehmann)

 ....

 7. wissen / wo ich wohne ? (Otto)

 ....

 8. sehen / im Moment / eine Alternative ? (Herr Brandt)

 ....

9. was / lesen ?   (Gretchen und Anna)

....

10. lesen / immer die Zeitung ?   (Karin)

....

B. Complete each sentence with the appropriate definite article and the noun in parentheses. Use the noun in the singular.

EXAMPLE: Ich besitze ....   (Haus)
 Ich besitze **das Haus.**

1. Ich suche ....   (Straße)

2. Siehst du ....   (Auto)

3. Findet er .... ?   (Party)

4. Wir brauchen ....   (Lehrer)

5. Kennst du .... ?   (Mann)

Now use the noun in the plural.
EXAMPLE: Ich kenne ....   (Familie)
 Ich kenne **die Familien.**

6. Wir fragen ....   (Junge)

7. Sie lesen ....   (Zeitung)

8. Fragt er .... ?   (Student)

9. Ihr besitzt ....   (Büro)

10. Sie braucht ....   (Zimmer)

C. Complete the sentences with the correct form of **wissen** or **kennen** in the following conversations.

1. .... ihr München?

 Ja, wir sind in München zu Hause. Dort .... wir viele Leute.

2. Unsere Eltern .... seine Eltern sehr gut.

 .... ihr, wo sie wohnen?

 Ja, natürlich .... wir das.

3. .... du, wo Annette studiert?

 Ja, sie ist in Berlin. .... sie deine Freunde, Otto und Jan?

10

Das .... ich nicht.

Aber ich .... ihren Freund.

Und .... du, wie er heißt? Er heißt Brandt.

D. Respond to the following negatively or disagree, using the opposite of the word in italics.

   EXAMPLE: Ist das Buch *gut*?
              Nein, es ist schlecht.

   1. Siehst du unsere Freunde ziemlich *oft*?

       ....

   2. Machen wir am Freitag eine *große* Party?

       ....

   3. Unsere Partys sind immer *gut*!

       ....

   4. Ist mein Haus vielleicht zu *klein*?

       ....

   5. Mein Bruder ist wahrscheinlich zu *alt*.

       ....

   6. Es gibt *nie* zu viele Leute.

       ....

   7. Die Straßen in Wien finde ich *häßlich*.

       ....

E. You don't hear clearly what Renate said. Ask questions about the word or phrase you missed,
    using **wer, wen, was,** or **wo.**

   EXAMPLES: Ich suche *Annette und Jan*.
              Wen suchst du?

              Die Studentin liest *eine Zeitung*.
              Was liest sie?

   1. *Frau Kuhn* meint das auch.

       ....

2. Nächstes Semester studiert *meine Schwester* in München.

....

3. Meine Kusine kennt *deinen Vetter*.

....

4. Im Moment brauche ich *ein Zimmer*.

....

5. Er fragt *seine Eltern*.

....

6. Übrigens arbeitet sein Onkel *im Büro*.

....

F. Only one in each pair of possessive adjectives completes the sentence correctly. Choose the correct one.

1. Gretchen, morgen besuchen wir .... Eltern in München. (deine / deinen)

2. Tobias weiß nicht, wo .... Zimmer sind. (unsere / unser)

3. Suchen Sie .... Auto? (Ihr / Ihren)

4. Liest er gerade .... Buch? (seinen / sein)

5. Bleibt .... Familie in München? (eure / euer)

6. Wir kennen .... Freunde. (seinen / seine)

7. .... Vater arbeitet in Bonn. (Unser / Unseren)

8. Wann siehst du .... Bruder wieder? (deinen / dein)

9. Das ist .... Problem! (eure / euer)

10. Sehen Sie .... Mann morgen im Büro? (ihr / ihren)

G. Rewrite, using the subject given in parentheses and the appropriate possessive adjective.

EXAMPLE: Ich lese mein Buch. (du)
          Du liest dein Buch.

1. Ich fahre mein Auto nach Hause. (Herr Müller)

....

2. Siehst du deine Eltern in Wien? (wir)

....

12

3. Liest Agnes gerade ihr Buch?   (du)

....

4. Wir suchen unsere Kinder.   (ihr)

....

5. Wann machst du deine Arbeit?   (Sie)

....

6. Manchmal frage ich mein Kind.   (Anna)

....

7. Oft grüßt er seine Freunde in der Mensa.   (wir)

....

8. Wir kennen unsere Kusinen sehr gut.   (Jan und Katrin)

....

9. Mein Großvater besucht oft seinen Bruder.   (meine Freunde)

....

10. Mein Vater liest seine Zeitung immer im Büro.   (ich)

....

Zunehmend sonnig, am Alpennordrand noch zum Teil bewölkt. Temperatur am Nachmittag um 22 Grad.	**Oscar Weber will keine Warenhäuser mehr führen** Seite 5
	Franz Kafkas Kafukaesuku und eine ungeheure Dichte im Kopf Seite 10
Die Zürcher Börse hat zum Wochenende sehr freundlich, teils sogar fest tendiert.	**Das schrecklichste Unwetter dieses Jahrhunderts erlebte Luzern vor 30 Jahren** Seite 12

H. Write out in words the answers to the following addition problems.

1. Drei und siebzehn ist ....

2. Elf und vier ist ....

3. Acht und eins ist ....

4. Zwei und vierzehn ist ....

5. Fünfzehn und drei ist ....

6. Fünf und neun ist ....

7. Sechszehn und vier ist ....

8. Zwölf und null ist ....

9. Sechs und sieben ist ....

10. Neun und eins ist ....

11. Vier und sieben ist ....

I. Choose the appropriate response for each comment from the list below.

> Wieso nur zwei?   Ich kenne nur deine Schwester.
> Das ist aber gut.   Sehr gut. Da bin ich zu Hause.
> Ach, bitte sehr!

1. Das ist aber nett. Vielen Dank!

   ....

2. Sag mal, wie gut kennst du München?

   ....

3. Wen kennst du denn hier?

   ....

4. Für die Diskussion brauchen wir zwei Gruppen.

   ....

5. Georg und Tobias kommen natürlich auch.

   ....

J. A future student in Munich needs help in the student housing office. Express the conversation in German.

RECEPTIONIST: Hello.

....

STUDENT: Hello. I'm looking for a room.

....

RECEPTIONIST: Are you studying here now?

....

STUDENT: No, at the moment I'm still living in Salzburg, but in September I'll be here.

....

14

RECEPTIONIST: Do you have a car?

....

STUDENT: No, but I'm buying a car soon.

....

RECEPTIONIST: Then I have a room for you. It is small, but pretty, and the people are nice.

....

....

STUDENT: Good. Thanks a lot.

....

K. Katrin and Horst meet one cold, rainy day. Katrin has made travel plans to get away from it all. Complete their conversation.

HORST: Grüß dich, Katrin.

KATRIN: ....

....

HORST: Ganz gut, aber das Wetter ist heute sehr schlecht.

KATRIN: ....

....

HORST: Wirklich, nach Italien? Wann kommst du wieder zurück?

KATRIN: ....

           ....

HORST: Also, gute Reise! Bis dann!

KATRIN: ....

           ....

3

A. Supply the appropriate forms of the verbs listed in parentheses.

1. Ihr .... zu schnell; ich .... heute etwas langsamer.   (laufen, gehen)

2. Morgen .... er nach Wien; heute .... er noch im Büro.   (fliegen, arbeiten)

3. Kirstin .... in München, aber sie .... oft nach Frankfurt.   (studieren, fahren)

4. Wir .... unsere Mäntel, aber der Mann da .... nur einen Pulli.   (tragen, tragen)

5. .... du hier oder .... du weiter?   (halten, fahren)

6. Ich .... den Artikel und Annette .... ihn. (schreiben, lesen)

7. Ich .... hier und wir .... eine Stunde in den Bergen!   (halten, laufen)

8. Das Kind .... nichts und es .... auch nichts tun. (tun, wollen)

B. Negate each of the following statements, using **nicht.**

EXAMPLE: Heute besucht er ihn.
            Heute besucht er ihn nicht.

1. Das weiß Gisela. ....

2. Klaus arbeitet heute. ....

3. Die Stadt kennt er. ....

4. Der Lehrer liest seine Zeitung. ....

5. Heute besprechen wir die Reise. ....

6. Die Schüler fliegen nach Nordamerika. ....

7. Carola studiert in Frankfurt. ....

8. Das können sie tun. ....

9. Wir wollen das Schulsystem besprechen. ....

10. Anna darf die Reise machen. ....

11. Seine Eltern sind streng. ....

12. Maria ist seine Freundin. ....

13. Eigentlich ist das mein Geld. ....

14. Das sind meine Schuhe. ....

C. Answer the following questions in the negative, using **kein.**

EXAMPLE: Haben Sie Geld?
          Nein, ich habe kein Geld.

1. Haben Sie einen Bruder?

....

2. Hat er Angst?

....

3. Kann er Englisch?

....

4. Haben Schmidts Kinder?

....

5. Sucht die Studentin ein Zimmer?

....

6. Möchten Sie eine Reise machen?

....

D. People are suggesting various things about you. Deny their allegations, using **nicht** or **kein**.

EXAMPLE: Du bist zu pessimistisch.
Nein, ich bin nicht zu pessimistisch.

1. Deine Probleme sind langweilig.

   ....

2. Du hast Geld, nicht?

   ....

3. Du kochst die Suppe heute, nicht wahr?

   ....

4. Sie wohnen in Freiburg, oder?

   ....

5. Sie sind der Lehrer, nicht wahr?

   ....

6. Du brauchst ein Auto, oder?

   ....

E. Supply the correct form of the modal verb in parentheses.

EXAMPLE: .... Jutta jetzt Musik hören?   (wollen)
Will Jutta jetzt Musik hören?

1. Kurt .... seinen Vetter finden.   (wollen)

2. Er .... nicht schnell laufen.   (können)

3. .... ihr Rockmusik hören?   (dürfen)

4. Christa und Renate .... hier halten.   (möchten)

5. .... ihr nicht eine Stunde bleiben?   (wollen)

6. Jutta .... Englisch lernen.   (können)

7. Klaus .... um zwölf zu Hause sein.   (sollen)

8. .... ich hier parken?   (dürfen)

9 Er .... die Schuhe sehen.   (möchten)

19

11. Du .... nicht in Berlin bleiben.   (sollen)

12. .... ihr eine Reise nach Paris machen?   (möchten)

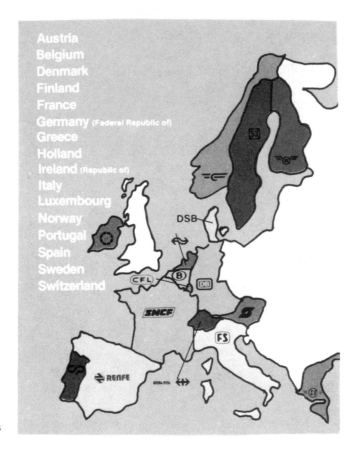

Symbols of European railroads

F.   Sometimes one has no choice but to follow orders. Fill in the questions and responses according-
ing to the example, using **wollen** and **müssen.**

EXAMPLE: .... ihr schon gehen?
Wollt ihr schon gehen?
Wir wollen nicht, aber wir müssen.

1. .... du diese Bücher lesen?

....

2. .... ihr denn kommen?

....

3. .... Barbara nächste Woche ihre Familie besuchen?

....

4. .... die Kinder nach Frankfurt fliegen?

....

20

5. .... du acht Stunden arbeiten?

....

6. .... Sie um zehn nach Hause fahren?

....

7. .... ihr euren Vater fragen?

....

G. Form compound nouns from each pair of words. Include the appropriate definite article, plural ending, and English equivalent.

EXAMPLE: die Wand und die Uhr	die Wanduhr	-en	wall clock
1. das Haus und die Tür			
2. die Stadt und das Kind			
3. die Kinder und das Buch			
4. das Haus und die Frau			
5. der Berg und die Straße			
6. die Familien und der Name			
7. die Tage und das Buch			

H. Compose sentences, using the cues provided.

1. ihr / können / Deutsch / lernen // aber / ihr / müssen / viel / sprechen.

....

2. dürfen / du / bis elf / bleiben / ?

....

3. die Schüler / sollen / bald / Amerikareise / machen.

....

4. ich / möchten / das / tun // aber / ich / dürfen / es / nicht / .

....

5. müssen / er / unbedingt / Brille / tragen / ?

....

21

I. Andrea is talking to her English teacher. Express their conversation in German.

ANDREA: Excuse me, Mr. Hartmann.

....

TEACHER: Hello, Andrea.

....

ANDREA: Hello. May I ask you something?

....

TEACHER: Yes. What would you like to know?

....

ANDREA: Do I have to do the homework?

....

TEACHER: You want to learn English, don't you?

....

ANDREA: Yes, of course. But I have to work tonight.

....

....

TEACHER: Do you have to earn money?

....

ANDREA: Yes, I want to go to America in August.

....

TEACHER: I would like to go to America, too! But you must do the homework by Friday.

....

....

4

A. Write commands for the persons named in parentheses, using the cues below.

EXAMPLE: machen / nicht / zu viel   (Karin)
Mach nicht zu viel.

1. fahren / zu Schmidts   (Stephan)

   ....

2. gehen / nach Hause   (wir)

   ....

3. bitte / sein / freundlich   (Klaus)

   ....

4. tragen / bitte / eure Mützen   (Christa und Rolf)

   ....

   ....

5. bitte / sein / nicht / pessimistisch   (Herr Keller)

   ....

   ....

6. bleiben / noch eine Stunde   (Frau Beck)

   ....

7. lesen / der Zeitungsartikel / von heute   (wir)

   ....

B. Answer the following questions negatively, using **nicht** or **kein**.

    EXAMPLE: Möchtest du dort studieren?
                     Nein, ich möchte nicht dort studieren.

1. Mußt du am Wochenende zu Hause bleiben?

   ....

2. Haben eure Freunde schon Urlaubspläne?

   ....

3. Gehst du im Sommer schwimmen?

   ....

4. Darf ich hier das Telefon benutzen?

   ....

5. Müssen Müllers schon nach Hause gehen?

   ....

6. Hast du meinen Freund Georg gern?

   ....

C. Gisela has been away for a long time, and she asks Uwe if things are still the same. Use the cues in parentheses in his response.

    EXAMPLE: Hast du noch ein Auto?   (nein / mehr)
                     Nein, ich habe kein Auto mehr.

1. Kannst du kein Englisch?   (doch / noch)

   ....

2. Läufst du noch jeden Tag mit Rolf?   (nein / mehr)

   ....

3. Suchst du noch eine Wohnung?   (nein / mehr)

   ....

4. Wohnt deine Schwester nicht mehr zu Hause?   (doch / noch)

   ....

5. Studiert sie schon in München?   (nein / noch nicht)

   ....

6. Bist du noch fit?   (ja / noch)

....

D. Complete each sentence by expressing the prepositional phrase in German.

EXAMPLE: Gisela geht .... (*through the cafeteria*)
   Gisela geht durch die Mensa.

1. Ich meine, meine Eltern sind .... (*against my boyfriend*)

2. Machen wir eine Reise .... ! (*through the mountains*)

3. Der Lehrer kommt nie .... (*without our homework*)

4. Wir brauchen ein Zimmer .... (*for the child*)

5. Wir wollen .... keine Urlaubspläne machen. (*without you, sing. familiar*)

6. Im Winter kann man nicht mehr draußen .... laufen. (*around the school*)

7. Ich mache das .... (*for you*, pl. familiar)

8. Warum sind Sie .... ? (against the American)

9. Das sollen wir nicht .... machen. (*without her*)

E. Answer each question, beginning with the adverb in parentheses.

EXAMPLE: Können Sie schon Deutsch? (natürlich)
   Natürlich kann ich schon Deutsch.

1. Hören Sie gern Musik? (sicher)

....

2. Sie mögen viel Schnee, oder? (selbstverständlich)

....

3. Mußt du heute abend zu Hause bleiben? (ja, leider)

....

4. Regnet es morgen? (hoffentlich)

....

5. Haben die Kinder genug Energie? (sicher)

....

25

6. Wir können unsere Arbeit zusammen machen, nicht wahr?   (Gott sei Dank)

   ....

F.   Compose sentences, using the cues below.

   EXAMPLE: wir / müssen / gehen / schon / nach Hause
   Wir müssen schon nach Hause gehen.

   1. gehen / du / morgen / nachmittag / ins Reisebüro / ?

      ....

      ....

   2. meine / Tante / wollen / auch / im Sommer / mal / gehen / schwimmen.

      ....

      ....

   3. ich / können / Kontraste / in Europa / beschreiben / nicht.

      ....

      ....

   4. Onkel Max / trinken / Bier / nicht gern.

      ....

      ....

   5. hoffentlich / du / verdienen / schon / genug / Geld.

      ....

      ....

G.   Rewrite the following sentences, beginning with the word in italics.

   EXAMPLE: Wir wollen *heute abend* nach Berlin fliegen.
   Heute abend wollen wir nach Berlin fliegen.

   1. Das Wetter *im Herbst* ist besonders neblig.

      ....

      ....

   2. Sie möchten *endlich* Urlaubspläne zusammen machen.

      ....

      ....

3. Eine Europareise *ohne Auto* ist für mich kein Vergnügen.

    ....

    ....

4. Am Telefon kann man *die Alternativen* schlecht beschreiben.

    ....

    ....

5. Meine Geschwister gehen *morgen nachmittag* sicher auch schwimmen.

    ....

    ....

H. You have just been chosen for the swimming team for the next summer Olympics. Now the public wants to know more about you. Answer each of the interviewer's questions.

1. Schwimmen Sie gern? ....

    ....

2. Haben Sie auch Geschwister? ....

    ....

    Und schwimmen sie auch? ....

    Wie heißen sie? ....

3. Studieren Sie auch? Wo? ....

    ....

4. Lesen Sie auch gern? Was, zum Beispiel? ....

    ....

5. Was essen und trinken Sie gern? ....

    ....

I. Compose a dialogue between yourself and a travel agent. Use the following suggestions as a guide.

You want to make your vacation plans. You would like to go to America. How long can you stay? What do you want to see? Do you need a hotel, or are you visiting friends? How is the weather at this time of year? When do you have to be back?

....

....

....

....

....

....

....

....

....

....

....

....

5

A. Meike asks if you are going to do the following things soon. Answer that you have to, using the infinitive of the separable prefix verb with the modal.

    EXAMPLE: Stehst du bald auf?
                Ja, ich muß bald aufstehen.

   1. Fängst du bald an? ....

   2. Machst du den Laden bald zu? ....

   3. Gehst du bald spazieren? ....

   4. Lernst du den Chef bald kennen? ....

   5. Machst du bald auf? ....

   6. Hörst du bald mit dem Pendeln auf? ....

   7. Kommst du bald vorbei? ....

B. Complete the following sentences with the cues provided. Then rewrite each sentence, using the correct dative pronoun for the indirect object.

    EXAMPLE: Du hilfst .... am Samstag.   (deine Mutter)
                Du hilfst **deiner Mutter** am Samstag.
                Du hilfst ihr am Samstag.

   1. Heute kaufe ich .... eine Krawatte. (mein Vater)

      ....

   2. Heute zeigt Hans .... sein Moped. (seine Eltern)

      ....

   3. Bitte beschreiben Sie .... das Haus. (mein Mann)

      ....

4. Macht .... die Arbeit Spaß? (dein Kollege)

....

5. Gehört .... diese Boutique? (deine Kusine)

....

6. Gefällt es .... hier in Nordamerika? (die Schülerin)

....

C. Answer the following questions negatively, using dative pronouns in your answers.

EXAMPLE: Gehört dir das Buch?
          Nein, das Buch gehört mir nicht.

1. Gefällt Ihnen mein Plan, Herr Schmidt?

....

2. Hilfst du deiner Freundin bei der Arbeit?

....

3. Ist es Ihnen im Winter zu kalt, Herr Lange?

....

4. Macht dir das Pendeln Spaß?

....

5. Kann der Lehrer den Studenten helfen?

....

6. Kannst du mir etwas sagen?

....

7. Katrin kann euch Geld geben, nicht wahr?

....

8. Gehört Ihnen diese Uhr, Frau Sedelmayer?

....

D. Complete the answers to the questions with an appropriate idiomatic response.

EXAMPLE: Ist es dir egal?
          Nein, es **ist mir nicht egal.**

1. Ist es dir kalt? Nein, es ....

2. Ist euch achtzehn Uhr zu früh? Ja, uns ....

3. Scheint es dir vernünftig? Ja, es ....

4. Geht es deiner Schwester nicht besser? Doch, es ....

5. Es ist euch warm genug, oder? Ja, natürlich ....

6. Das ist deinen Freunden bestimmt egal, oder? Sicher ....

....

7. Die Reise macht Ihren Eltern Spaß, oder? Natürlich ....

....

8. Ist es dir endlich klar? Ja, mir ....

9. Tut es Anna nicht leid? Doch, es ....

10. Diese Arbeit ist euch langweilig, nicht wahr? Ja, uns ....

....

E. Choose the word that correctly completes the sentence, and write it in the blank.

1. Kauft sie .... Mutter ein Geschenk?   (ihre / ihrer)

2. Was macht .... denn Spaß?   (dich / dir)

3. Ich koche .... jetzt eine Suppe.   (mir / mich)

4. Wer möchte .... Bücher kaufen?   (meine / meinen)

5. Der Professor gibt .... immer ein Beispiel.   (ihnen / sie)

6. .... lerne ich auf der Party kennen?   (wem / wen)

7. Wir wollen .... gern helfen, Frau Becker.   (Ihnen / sie)

8. .... wird er die Zeitung geben?   (wer / wcm)

9. Fragst du .... heute noch?   (ihm / ihn)

10. Dieses Kleid steht .... aber gut!   (sie / ihr)

F. Supply the definite article and singular N-noun endings.

EXAMPLE: Die Mutter gibt .... Jung........ wenig Geld.
Die Mutter gibt **dem Jungen** wenig Geld.

1. Zeigen Sie bitte .... Herr................ den Brief.

2. Diese Bücher gehören .... Student................. dort.

3. Oft hilft der Onkel .... Jung..................

4. Die Lehrer wollen .... Kolleg................. Bücher kaufen.

5. Diese Mode gefällt .... Kund................. noch nicht.

G. Rewrite the preceding exercise, making the dative objects plural.

    EXAMPLE: Die Mutter gibt dem Jungen wenig Geld.
                   Die Mutter gibt den Jungen wenig Geld.

1. ....

2. ....

3. ....

4. ....

5. ....

H. Contradict each statement, using the antonym of the word in italics.

    EXAMPLE: Dieser Wagen ist *neu.*
                   Nein, dieser Wagen ist alt.

1. Die Studenten kommen *früh* nach Hause.

....

2. Hamburg liegt *im Süden.*

....

3. Hans *macht* den Laden *zu.*

....

4. Jetzt *fängt* der Unsinn *an.*

....

5. Diese Häuser sind ja *alt!*

....

Neue Mode:
Alte Häuser

6. Der Chef möchte *etwas* sagen.

....

7. Das Kind ist *groß*!

....

8. Wir essen *viel*.

....

9. Er sieht eigentlich *jung* aus.

....

I.   Form questions with **wo** or **wohin** to fit the following answers.

EXAMPLES: Er liest heute abend am Schreibtisch.
             Wo liest er heute abend?

             Sie wollen morgen in die Stadt fahren.
             Wohin wollen sie morgen fahren?

1. Du mußt heute zur Uni fahren.

....

....

2. Sie haben ihre Ausweise im Auto gefunden.

....

....

3. Herr Ziegler ist nach Nordamerika geflogen.

....

....

4. Unsere Kinder spielen oft hinter dem Haus.

....

....

5. Sie können Ihre Tasche auf den Tisch legen.

....

....

J. Rewrite each sentence, replacing the definite article with the correct form of the **der**-word or the **ein**-word cued in English.

    EXAMPLE: *Der* Kollege ist in der Gewerkschaft. (my)
    Mein Kollege ist in der Gewerkschaft.

1. Kaufst du *das* Moped? (his)

....

2. *Das* Dorf ist sehr hübsch. (which?)

....

....

3. *Der* Arbeiter ist in der Gewerkschaft. (every)

....

....

4. Auch am Wochenende muß *der* Journalist arbeiten. (a)

....

....

5. *Die* Brille ist zu stark. (your)

....

....

6. *Der* Unsinn muß aufhören. (their)

....

....

7. Sie brauchen *das* Essen. (this)

....

8. Wie findest du *das* Hemd? (my)

....

K. Compose sentences, using the cues below.

1. warum / ihr / sprechen / soviel / von / diese Menschen / ?

....

....

34

2. heute / wir / können / anfangen / noch nicht

....

....

3. am Sonntag / er / spazierengehen / mit / seine Familie

....

....

4. Sie / aufhören / bitte / sofort / !

....

....

5. nach / das Mittagessen / wir / vorbeikommen / gern

....

....

6. in / die Fabrik / ich / kennenlernen / niemand / außer / die Mitarbeiter

....

....

7. wohin / er / fahren / so schnell / mit / der Wagen / ?

....

....

8. ich / wollen / werden / doch / Schreiner

....

....

L. Respond logically to each question, using a dative pronoun.

EXAMPLE: Ist es Oma zu kalt?
          Ja, es ist ihr zu kalt.

1. Wie geht es dir heute? ....

2. Wie geht es Ihrem Freund heute? ....

3. Scheint dem Chef der Plan vernünftig? ....

....

4. Macht Monika die Fahrt Spaß? ....

....

5. Ist das Frau Fischer klar? ....

....

6. Ist das deinen Eltern egal? ....

....

7. Meinen Sie, der Hut steht mir gut? ....

....

8. Tut das Ihnen leid? ....

....

6

A. Supply the auxiliary and past participle of the verb in parentheses.

   EXAMPLE: Beate .... nicht mehr in Berlin .... (sein)
   Beate ist nicht mehr in Berlin gewesen.

   1. Wir .... im November ein Haus ....
      (kaufen)

   2. Die Frau .... schnell ins Haus ....
      (laufen)

   3. Der Junge .... Otto .... (heißen)

   4. Das Essen .... zu viel .... (kosten)

   5. .... du deinen Eltern schon einen Brief

      .... ? (schreiben)

   6. Wir .... nie ein Auto .... (besitzen)

   7. .... du am Freitag zu Hause .... ?
      (bleiben)

   8. .... ihr die Hausaufgaben für heute schon

      .... ? (anfangen)

   9. Ich .... am Mittwoch in Freiburg ....
      (ankommen)

   10. .... Ihnen der Film .... ? (gefallen)

B. Rewrite the following sentences in the perfect tense.

EXAMPLE: Im Sommer ist es kühl, und es regnet oft.
Im Sommer ist es kühl gewesen, und es hat oft geregnet.

1. Hier in den USA wird es heiß, in Deutschland bleibt es aber kühl.

....

2. Wir trinken ein Bier und sprechen über das Wetter.

....

3. Ich fliege nach Frankfurt, und dann fahre ich mit dem Auto nach Wien.

....

....

4. Um sieben stehen die Brüder auf und gehen spazieren.

....

5. Siehst du den Mann? Er spricht mit dem Chef.

....

6. Das Kleid kostet ziemlich viel. Also kauft sie es nicht.

....

7. Das gefällt dir, oder?

....

8. Er beschreibt uns das Hotel, und wir finden es bald.

....

C. As you answer the following questions with the cues in parentheses, use a pronoun for the indirect object.

EXAMPLES: Was schreibst du *deinem Freund*? (Briefe)   Was schreibt er *dir*? (Karten)
Ich schreibe ihm Briefe.   **Er schreibt mir Karten.**

1. Was gibt man dir an der Uni? (Studentenausweis)

....

2. Was bringst du mir aus Freiburg mit? (Stadtplan)

....

3. Was zeigen Sie den Studenten? (Vorlesungsverzeichnis)

....

4. Was kaufen die Eltern ihrer Tochter für ihr Zimmer?   (Schreibtisch)

....

5. Was gibt euch Dieter?   (Buch)

....

D. Rewrite your answers from the previous exercise, using pronouns for the direct objects.

EXAMPLE: Ich schreibe ihm *Briefe*.
          Ich schreibe sie ihm.

1. ....

2. ....

3. ....

4. ....

5. ....

E. Rewrite each sentence below, beginning with the subject.

EXAMPLE: Langsam macht *sie* die Tür auf.
          Sie macht langsam die Tür auf.

1. Morgen fahren *wir* wieder mit dem Wagen in die Stadt.

....

2. Hier im Dorf macht *Herr Becker* Ende Februar ein Geschäft auf.

....

....

3. Am Montag fliege *ich* nach Basel.

....

4. In diesem Laden muß *Sabrina* heute etwas einkaufen.

....

5. Mit seinen Freunden wohnt *er* seit März im Studentenheim.

....

....

F. Two students make plans and meet for lunch. Describe the details according to the illustrations, using the correct two-way prepositions and articles, with contractions wherever possible.

Um 10 Uhr

Um 12 Uhr

1. Erika und Georg haben

   .... Telefon
   gesprochen.

2. Erika hat ....
   Fenster gestanden.

3. Das Telefon hat ....
   Stuhl gestanden.

4. Georg hat ....
   Schreibtisch gearbeitet.

5. Sein Telefon hat ....
   Schreibtisch gestanden.

6. Erika wartet

   .... Mensa.

7. Sie steht ....
   Freundin.

8. Ihre Bücher liegen

   .... Boden.

9. Georg läuft schnell

   .... Mensa.

10. Er trägt seine Bücher

    .... Tasche.

G. Complete each sentence with the correct form of the words in parentheses. Contract the preposition with the definite article wherever possible.

> EXAMPLE: Eva geht heute abend in .... (das Kino)
> Eva geht heute abend **ins Kino.**

1. Gehen Sie bitte an .... (die Tür)

2. Wir haben unsere Bücher dort auf .... gelegt. (der Tisch)

3. Ich studiere an .... (die Universität Heidelberg)

4. Wir müssen hier auf .... warten. (meine Freundin)

5. Wer ist an .... ? (das Telefon)

6. In .... fahren wir in ....
(die Ferien / die Alpen)

7. Alle Leute sind an .... gegangen. (das Fenster)

8. Neben .... steht das Studentenheim. (die Mensa)

9. Hinter .... sieht man den See. (das Haus)

10. Arbeitet er noch in .... ? (die Stadt)

11. Wie lange arbeitest du noch an .... ? (der Schreibtisch)

12. Dein Ausweis liegt unter .... (deine Tasche)

13. Wir fliegen über .... (die Ostsee)

14. Warte bitte vor .... auf ....
(die Fabrik / wir)

15. Können Sie uns die Uni auf .... zeigen? (der Stadtplan)

H. Fill in the blank with the phrase cued in English. Use contractions wherever possible.

> EXAMPLE: Heinrich geht wieder .... (*to the movies*)
> Heinrich geht wieder **ins Kino.**

1. Unsere Familie fährt oft .... (*to Switzerland*)

2. Geht bitte .... ! (*to the window*)

3. Sie will nur schnell .... (*to the store*)

4. Hat dein Vater auch .... studiert? (*at Heidelberg University*)

5. Legen wir alle Bücher .... ! (*on the desk*)

6. Geh bitte .... ! (*to the door*)

7. Mein Bruder arbeitet seit einem Jahr .... (*in the store*)

8. Wie lange bleiben Sie hier ....? (*in the village*)

9. Jeden Tag steht sie .... und wartet. (*at the window*)

10. Im September haben wir drei Wochen .... gewohnt. (*in the hotel*)

I. Express the following sentences in English.

1. Seid ihr allein gefahren?

    ....

2. Im Wintersemester muß ich zwei Kurse belegen.

    ....

3. Das Fahren macht ihm Spaß.

    ....

4. Hans sagt, das Pendeln gefällt ihm nicht.

    ....

5. Ich bin schon seit drei Monaten an der Universität Berlin.

    ....

J. Give Angelika the following instructions before she leaves on vacation, using the imperative and the cues provided.

EXAMPLE: schreiben / ein Brief / an / unsere Klasse
Schreib einen Brief an unsere Klasse!

1. mitbringen / deine Turnschuhe / auf / die Reise

    ....

2. fahren / langsam / durch / die Berge

    ....

3. besuchen / meine Kusine / in / die Schweiz

    ....

4. spazierengehen / durch / die Alpendörfer

    ....

5. ausgeben / nicht zu viel Geld / in / die Ferien

    ....

6. gehen / abends / nicht / allein / in / Stadt

    ....

7

A. Connect the pairs of sentences to make one sentence, using the coordinating conjunction provided.

EXAMPLE: Gehst du heute in die Bibliothek? Bleibst du zu Hause? (oder)
Gehst du heute in die Bibliothek, oder bleibst du zu Hause?

1. Der Koffer gehört nicht Karl. Er gehört seinem Freund. (sondern)

....

....

2. Machst du die Reise allein? Nimmst du Freunde mit? (oder)

....

....

3. Meine Schwester studiert an der Uni. Sie sucht dort ein Zimmer. (und)

....

....

4. Sie besucht gern ihre Familie in Bern. Sie hat wenig Zeit. (aber)

....

....

5. Ich fahre sofort zum Flughafen. Meine Kusinen sollen bald ankommen. (denn)

....

....

6. Sie besitzen kein Auto. Sie fahren immer mit dem Fahrrad. (sondern)

....

B. Fill in the missing forms in the table below.

infinitive	er/sie — present tense	er/sie — perfect tense
lesen	liest	hat gelesen
	schreibt	
bringen		
	wird	
abfahren		
bleiben		
		hat gehängt
		hat gewußt
beginnen		
	ist	
kennen		
	fährt	
	vergißt	
dekorieren		
		hat gefallen
	denkt	

C. Rewrite the following sentences in the perfect tense.

1. Wir wollen eigentlich nach Italien reisen.

   ....

2. Meine Frau denkt immer an den Urlaub.

   ....

3. Ich kann noch kein Italienisch, aber meine Frau hilft mir.

   ....

4. Bringst du mir ein Buch über Italien aus der Bibliothek mit?

   ....

5. Ich muß wirklich viel lesen.

   ....

44

6. Wir wissen nicht viel über das Land.

   ....

7. Sie muß uns eine Landkarte kaufen, denn wir kennen Italien nicht gut.

   ....

8. Gefallen euch die Namen der Städte?

   ....

D. Fill in the blank with the correct form of the noun in parentheses.

   1. Wegen .... wollen wir heute nicht trampen.
      (das Wetter)

   2. Welche Erfahrungen haben Sie während ....
      gemacht? (das Studium)

   3. Wir können im August trotz .... nicht reisen.
      (unser Wanderlust)

   4. Meine Schwester trägt immer einen Rucksack statt ....
      (ein Koffer)

   5. Er hat heute wegen .... keine Zeit.
      (seine Hausaufgaben)

   6. Meine Eltern wollen uns während .... besuchen.
      (die Ferien)

   7. Trotz .... müssen unsere Gäste sofort abfahren.
      (der Regen)

   8. Sie suchen eine Jugendherberge anstatt ....
      (ein Hotel)

E. Complete the sentences, expressing the phrases in parentheses with thc genitive in German.
    EXAMPLE: .... ist nicht neu. (*his father's car*)

   Der Wagen seines Vaters ist nicht neu.

   1. Dieser Junge ist .... (*my brother's friend*)

   2. Ich bin schon durch .... gereist. (*the cities of Europe*)

   3. Weißt du vielleicht .... ?
      (*the names of his brothers*)

   4. Sucht ihr immer noch .... ?
      (*Katrin's student I.D.*)

5. Wir haben .... gestern an der Uni gesehen. (*a girlfriend of yours*, von + *dative*)

6. Heute kommt .... zu uns. (*Mr. Brinkmann's uncle*)

7. Am .... fahren wir mit dem Zug nach Bern. (*the end of the month*)

8. Tante Irene ist .... (*my mother's sister*)

F. Answer the following questions with the cues in parentheses, replacing also the objects or subjects with pronouns.

    EXAMPLE: Wohin soll er seinen Mantel hängen? (neben / Tür)
                 Er soll ihn neben die Tür hängen.

1. Wohin habt ihr eure Rucksäcke gelegt? (unter / Tisch)

....

2. Wo hat dein Wagen gestanden? (auf / Straße)

....

3. Wo hat das Bild deiner Großmutter gehangen? (zwischen / Fenster)

....

....

4. Wo haben deine Handschuhe gelegen? (unter / Bücher)

....

5. Wohin hat mein Mann die Flaschen gestellt? (neben / Fenster)

....

....

6. Wo haben so viele Menschen gesessen? (auf / Boden)

....

7. Wohin hast du die Uhr gehängt? (über / Schreibtisch)

....

G. Answer the questions, using the time shown on the clock faces.

> EXAMPLE: Um wieviel Uhr gehst du morgen früh zur Uni?
> **Ich gehe um Viertel nach neun zur Uni.**

1. Wann beginnt die Party heute abend bei Müllers?

   ....

   ....

2. Entschuldigung, können Sie mir bitte sagen, wie spät es ist?

   ....

   ....

3. Ist es noch halb eins?

   ....

   ....

4. Um wieviel Uhr fährt der Zug heute nachmittag ab?

   ....

   ....

5. Um wieviel Uhr ist dein Bruder angekommen?

   ....

   ....

H. Explain what the Königs did the first day they were in Cologne.

7^{30}	aufstehen
9^{00}	Straßenbahn in die Stadt / einkaufen
10^{30}	Theaterkarten kaufen
12^{30}–13^{30}	Mittagessen
13^{30}–15	spazierengehen
15–17^{30}	Tante Marie besuchen / Kaffee
20	Konzert

1. Um wieviel Uhr sind sie aufgestanden?

....

2. Was haben sie am Morgen gemacht?

....

3. Was haben sie um halb elf gemacht?

....

4. Wieviel Zeit haben sie für das Mittagessen gehabt?

....

5. Was haben sie nach dem Mittagessen gemacht?

....

6. Wen haben sie in Köln besuchen können?

....

7. Um wieviel Uhr hat das Konzert angefangen?

....

I. Answer the following questions with complete sentences.

1. Wohin reisen Sie während des Sommers?

....

2. Trinken Sie manchmal Bier statt Wasser?

....

3. Müssen Sie oft wegen Ihrer Arbeit am Abend zu Hause bleiben?

....

4. Gehen Sie auch trotz des Regens gern spazieren?

....

8

A. Complete the sentences by supplying the appropriate conjunction in German.

1. Ich weiß nicht, ...ob.......... ich heute in die Stadt fahre. (*whether*)

2. ......Wenn..... ich jetzt einkaufen gehe, muss ich in den Läden lange warten. (*if*)

3. Glaubst du, ...daß........ wir genug Essen im Haus haben? (*that*)

4. ......Wenn..... wir heute abend Zieglers einladen, brauchen wir eine Flasche Wein. (*if*)

5. Es ist möglich, ...daß........ sie Wein mitbringen. (*that*)

6. Weißt du, ...ob.......... sie auch zum Abendessen kommen? (*whether*)

7. ....Da....... wir keine Wurst haben, muß ich doch zum Supermarkt. (*since*)

8. Ich meine, ...daß...... wir auch ein Stück Käse kaufen sollen. (*that*)

B. Join each pair of sentences, using the conjunction provided. Remember that the subordinating conjunctions will change the word order.

1. Wir müssen heute zum Metzger gehen. (denn)
   Wir brauchen zehn Paar Bratwürste und ein Kilo Sauerkraut für Samstag abend.

   Wir müssen heute zum Metzger gehen, denn wir brauchen zehn Paar Bratwürste und ein Kilo Sauerkraut für Samstag abend.

2. Hast du den Fisch für heute mittag schon bestellt? (oder)
   Soll ich zwei Hühnchen kaufen?

   Hast du den Fisch für heute mittag schon bestellt oder soll ich Hühnchen kaufen?

3. Ich esse heute nur Joghurt und Tee.   (weil)
Ich kaufe erst morgen ein.

Ich esse heute nur Joghurt und Tee weil ich erst morgen einkaufe.

4. Hat Herr Brinkmann den Ober gefragt?   (ob)
Können wir schon zahlen?

Hat Herr Brinkmann den Ober gefragt ob wir schon zahlen können?

5. Wartet doch auf mich!   (wenn)
Ihr geht zum Schnellimbiß.

Wartet doch auf mich wenn ihr zum Schnellimbiß geht.

C. Complete the answers to the following questions about your parents' visit.

EXAMPLE: Besuchen uns deine Eltern am Wochenende?
Ich weiß nicht, ob meine Eltern uns am Wochenende besuchen.

1. Kommen sie schon am Freitag abend?

Sie wissen noch nicht, ob *sie schon am Freitag abend kommen.*

2. Können sie ein Taxi vom Bahnhhof nehmen?

Mein Vater meint, daß *sie ein Taxi vom Bahnhof nehmen können.*

3. Gehen sie gern am Samstag mit uns ins Konzert?

Ja, ich glaube, daß *sie gern am Samstag mit uns ins Konzert gehen.*

4. Bringen sie auch deine Großmutter mit?

Meine Mutter ist noch nicht sicher, ob *sie meine Großmutter auch mit-bringen.*

5. Warum fahren sie nicht mit dem Wagen?

Ich weiß nicht, warum *sie nicht mit dem Wagen fahren.*

D. Complete the sentences, using the cues in parentheses to form a subordinate clause in the perfect tense.

    EXAMPLE: Wir haben nicht gewußt, (wie lange / er / auf / uns / warten)
                       Wir haben nicht gewußt, **wie lange er auf uns gewartet hat.**

1. Wissen Sie, (ob / Zug / schon / abfahren)?

   Wissen Sie, ob der Zug schon abgefahren ist.

2. Der Kellner weiß, (daß / wir / noch nicht / bestellen).

   Der Kellner weiß, daß wir noch nicht bestellt haben.

3. Niemand glaubt, (wieviel / Geld / wir / für / Reise / brauchen).

   Niemand glaubt, wieviel ~~das~~ Geld wir für die Reise gebraucht haben.

4. Jetzt habe ich vergessen, (wo / wir / aussteigen).

   Jetzt habe ich vergessen, wo wir ausgestiegen sind.

5. Ich kann euch nicht sagen, (was / in / Kino / spielen)

   Ich kann euch nicht sagen, was im Kino gespielt hat.

E. Supply the correct infinitive construction with **zu, um. . .zu** or **ohne. . .zu.**

    EXAMPLE: Dürfen wir schon anfangen .... ? (essen)
                      Dürfen wir schon anfangen **zu essen?**

1. Ich fürchte, ein Zimmer ist schwer *zu finden* . (finden)

2. Meinst du, es ist zu spät, ihn *einzuladen* ? (einladen)

3. Rolf wartet vor der Tür, *um* mit dem Professor *zu sprechen* (sprechen)

4. Wir gehen nicht gern ins Geschäft, *ohne* etwas *zu kaufen* . (kaufen)

5. Warum haben Sie nicht aufgehört _zu rauchen_ ? (rauchen)

6. Herr Müller muß früh aufstehen, _um_ den Laden _aufzumachen_. (aufmachen)

7. Es ist heute nicht leicht, billig _einzukaufen_ (einkaufen)

8. Man kann Deutsch auch lesen, _ohne_ jedes Wort _zu übersetzen_. (übersetzen)

F. Rewrite each sentence as an infinitive phrase. Begin with the new clause supplied.

EXAMPLE: Er schreibt sein Referat.
Er hat angefangen, ...
Er hat angefangen, **sein Referat zu schreiben.**

1. Erik läuft jeden Tag zur Uni.

   Er fängt an, _jeden Tag zur Uni zu laufen._

2. Ich mache meine Hausaufgaben.

   Ich habe keine Lust, _meine Hausaufgaben zu machen._

3. Sie spricht über die Familie in Amerika.

   Die Professorin hat heute Zeit, _über die Familie in Amerika zu sprechen._

4. Dieses Semester belegt er einen Englischkurs.

   Er findet es vernünftig, _dieses Semester einen Englischkurs zu belegen._

5. Wir arbeiten mit dir.

   Es ist aber heute zu spät, _~~mit~~ mit dir zu arbeiten_

G. Kirstin and Karl decided to eat in a restaurant this noon instead of in the student cafeteria. Complete their conversation with the waiter, using the cues below.

KARL: wo / möchten / du / sitzen / ?
Wo möchtest du zu sitzen ?

KIRSTIN: ich / sitzen / gern / an / Fenster / . / sehen / du / Ober / ?
Ich sitze gern am Fenster. Siehst du den Ober ?

KARL: Ja.—Herr Ober!

KELLNER: Guten Tag! möchten / Sie / Speisekarte / sehen / ?

Guten Tag! Möchten Sie die Speisekarte sehen?

KIRSTIN: können / Sie / uns / sagen // welche / Suppe / geben / es / heute / ?

Können Sie uns sagen, welche Suppe es heute gibt?

KELLNER: heute / geben / es / Zwiebelsuppe.

Heute gibt es Zwiebelsuppe.

KARL: Gut. bitte / bringen / Sie / uns / zwei / Suppe. Ein noun

Gut. Bitte bringen Sie uns zwei Suppen.

KIRSTIN: wissen / du / schon // was / du / wollen / essen / ?

Wissen du schon, was du essen willst?

KARL: Sicher!—ich / nehmen / Hühnchen / und / Salat / bitte.

Sicher! Ich nehme Hühnchen und Salat, bitte.

KELLNER: Jawohl. Zwei Suppen und einmal Hühnchen mit Salat.

KIRSTIN: das / sein / sicher / lecker / . / ich / möchten / auch / Hühnchen / bestellen.

....

KELLNER: Bitte schön! Und etwas zu trinken?

KARL: Zwei Glas / Bier /bitte.

....

KIRSTIN: und / nach / Essen / Tasse / Kaffee / bitte.

....

....

H. Complete the following sentences, choosing from the items illustrated.

1. Was essen Sie gern zum Frühstück?

   Ich esse ....

   und ....

   Ich trinke ....

2. Was ißt man in Deutschland zu Mittag?

   Man kann ....

   ....

   und .... essen.

   .... oder ....
   kann man trinken.

3. Was essen die Deutschen am Abend?

   Sie essen oft ....

   und ....

   Manchmal essen sie auch ....

   Sie trinken gern ....

   oder ....

4. Was sagt man vor dem Essen?

   ....

   ....

   ....

9

A. Fill in the missing forms in the table below.

infinitive	er/sie—present tense	er/sie—simple past
	sitzt	
arbeiten		
müssen		
		lud ein
wissen		
	sieht	
		konnte
	schreibt	
geben		
	übersetzt	
dürfen		
		sprach
	nimmt	
gehören		
wollen		

B. Yesterday you explored a German city. Tell about your visit, supplying the appropriate simple past form of the verb in parentheses.

1. Gestern .... wir die Altstadt. (besuchen)

2. Leider .... es sehr stark. (regnen)

3. Ich .... meinen Regenmantel tragen. (müssen)

4. Später .... unsere Freunde zusammen mit uns einen Schaufensterbummel machen. (können)

5. Ich .... viel Geld .... (mitbringen)

6. Am Abend .... ich ins Kino gehen, aber meine Freunde

   .... den Film schon. (wollen / kennen)

7. Wir .... nicht, was wir machen .... (wissen / sollen)

C. Supply the appropriate simple past form of **sein, werden** or **haben.**

1. Brigitte .... ein Zimmer im Studentenheim.

2. .... du gestern auch auf dem Flohmarkt?

3. Meine Mutter studierte Medizin und .... dann Ärztin.

4. Während des Studiums .... wir nie Geld.

5. Nach dem Studium .... meine Brüder beide Chemiker.

6. Am Wochenende .... ich drei Stunden im Museum.

D. Complete each sentence, using the cues in parentheses in a clause in the past perfect.

EXAMPLE: Als Inge aufstand, (ich / Frühstück / schon / machen)
Als Inge aufstand, **hatte ich das Frühstück schon gemacht.**

1. Als wir aus der Stadt fuhren, (Regen / schon / anfangen) ....

   ....

2. (nachdem / wir / gestern / viel / herumfahren), wollten wir heute nur zu Fuß gehen.

   ....

3. (Kellnerin / Torte / empfehlen), aber wir bestellten nachher nur Kaffee. ....

   ....

4. (da / Jan und Rolf / ihre Fahrräder / vergessen), konnten sie leider nirgends hinfahren.

   ....

5. (er / arbeiten / noch nicht / im Antiquitätengeschäft), als ich ihn auf der Party kennenlernte.

....

....

E. Use the cues to compose sentences in the tense indicated.

1. (*present*) Ferienhaus / an / See / gehören / uns / seit / fünf / Jahr.

....

....

2. (*formal / imperative*) fahren / bitte / zu / Rathaus!

....

3. (*simple past*) ich / werden / müde // während / ich / Referat / schreiben.

....

....

4. (*perfect*) Richard / schenken / uns / vor / zwei / Tag / Karten / für / Konzert.

....

....

5. (*past perfect / simple past*) nachdem / Eva / zwanzig / Minuten / schwimmen // Rad fahren / noch eine Stunde.

....

....

6. (*simple past / perfect*) wissen / Sie / nicht // daß / Herr Lehmann / werden / Chef / unsere Firma?

....

....

F. Supply the simple past tense of the verbs in parentheses in the following reminiscence.

1. Als ich Schülerin .... , ... ich nach der Schule gern spazieren. (sein / gehen)

2. Manchmal .... ich auch eine Freundin .... (mitnehmen)

3. Auf der Brücke .... wir oft ein paar Freunde. (treffen)

4. Manchmal .... sie uns .... , einen Kaffee zu trinken. (einladen)

5. Dann .... wir lange zusammen. (saßen)

6. Meine Freundin .... die Altstadt immer interessant. (finden)

7. Wenn es schön .... , ... wir gern im Park. (sein /sitzen)

8. Wir .... oft bis zum Abend draußen. (bleiben)

G. The following sentences contain time phrases expressing duration. Given a German equivalent for each.

1. Let's wait a year.

   ....

2. I met her two years ago. (*perfect*)

   ....

3. It has rained for two weeks.

   ....

4. The train has been waiting five minutes.

   ....

5. Max waited for me for five minutes. (*simple past*)

   ....

6. We ran for an hour. (*perfect*)

   ....

7. We have been running for one hour.

   ....

8. I've lived here for five years.

   ....

9. I lived there for five years. (*perfect*)

   ....

10. How long have you been living here?

    ....

11. How long did you live in Bargfeld, Mr. Schmidt? (*perfect*)

    ....

12. Two years ago we stayed there overnight. (*perfect*)

    ....

10

A. Supply the missing endings.

1. Jed............ olympisch............ Athlet muß viel trainieren.

2. Kaufst du dein............ schön............ Kleider in ein............ groß............ Geschäft oder in ein............ exklusiv............ Boutique ein?

3. Sein............ gut............ Kunden kaufen ihre Lebensmittel nie in d............ ander............ Geschäften.

4. Welch............ klein............ Dörfer liegen zwischen d............ alt............ Stadt und d............ schön............ groß............ See?

5. Mein............ letzt............ Urlaub habe ich in ein............ hübsch............ Wochenendhaus verbracht.

B. Complete the sentences with the adjectives cued in English. Don't forget adjective endings.

1. Abends trinke ich gern ein .... Bier. (*cold*)

2. In diesem Restaurant kann man ein .... Schnitzel essen. (*good*)

3. Sie ist Mitglied eines .... Klubs. (*active*)

4. Heute gingen wir auf einem .... Pfad spazieren. (*steep*)

5. Diesen Winter brauche ich eine .... Mütze. (*warm*)

6. Unsere Wohnung liegt neben einem .... Park. (*beautiful*)

7. In der .... Boutique an der Ecke findest du etwas Schönes. (*exclusive*)

8. Dieser Schreibtisch gehört meiner .... Kollegin. (*new*)

9. Ein .... Wagen kostet heutzutage viel. (*German*)

10. Während der ...., ... Abende saßen wir draußen. (*long / warm*)

C. Complete the sentences with the limiting words and adjectives in parentheses.

EXAMPLE: Wo hast du .... Trainingsanzug gekauft? (dein / toll)
Wo hast du **deinen tollen** Trainingsanzug gekauft?

1. Heutzutage scheinen .... Leute Sport zu treiben. (alle / jung)

2. Es stimmt! ....
Freunde treiben viel Sport. (alle / mein / gut)

3. Aber .... Menschen (manch / gesund)

   sind doch .... Athleten. (kein / wirklich)

4. Hast du aber je von .... Fußballspieler gehört? (ein / ungesund)

D. Complete the following sentences with adjectival nouns, formed from the adjectives in parentheses.

EXAMPLE: Was hat er dem .... gesagt? (alt)
Was hat er dem **Alten** gesagt?

1. Haben Sie meinen .... schon kennengelernt? (bekannt)

2. Der .... möchte auch etwas Sport treiben. (alt)

3. In der Großstadt gibt es viel .... zu sehen. (schön)

4. Der Trainer versucht immer, etwas .... zu sagen. (positiv)

5. Kein .... glaubt das heute noch. (deutsch)

6. Wir nehmen die .... immer mit auf Schitouren. (klein, *pl.*)

E. Answer the following questions, using the adjectives in parentheses and omitting the noun.

EXAMPLE: Welchen Wagen habt ihr gekauft? (blau)
Wir haben den blauen gekauft.

1. In welchem Gebäude ist das Fahrradgeschäft? (grau)

   ....

2. Welches Fahrrad gefällt dir? (leicht)

   ....

3. Welche Bücher liest du im Sommer? (neu)

   ....

4. Welche Wohnung hat Ralph genommen? (billig)

   ....

5. Welchen Film zeigt er morgen abend? (amerikanisch)

....

6. Welche Schiläuferin hat gewonnen? (deutsch)

....

F. Supply the definite article and plural form of each noun.

1. .... Klub,   die ....

2. .... Torte,   die ....

3. .... Schiläuferin,   die ....

4. .... Sache,   die ....

5. .... Monat,   die ....

6. .... Grund,   die ....

7. .... Café,   die ....

8. .... Polizist,   die ....

9. .... Speisekarte,   die ....

10. .... Name,   die ....

11. .... Wagen,   die ....

12. .... Ding,   die ....

13. .... Seite,   die ....

14. .... Film,   die ....

15. .... Stunde,   die ....

G. Write questions for which the following sentences would be appropriate answers.

EXAMPLE: Das war *mein Deutschprofessor.*
            Wer war das?

1. Es ist *genau zwölf Uhr.*   ....

2. Ich arbeite *immer nachts.*   ....

3. Herr Ziegler ist *zu Hause.*   ....

4. Der Film gefiel *Erika* nicht.   ....

5. Ich frage *Sie,* Frau Lohmann.   ....

6. Bei *Udo* gibt's heute
   abend eine Party.   ....

7. Wir fliegen *am 17. Juni.* ....

8. Heute ist *der erste April.* ....

9. Dieses Stück Fleisch
   wiegt *ein halbes Kilo.*   ....

10. Nein, ich kenne deine
    Schwester *noch nicht.*   ....

H. Complete the sentences by writing the ordinal numbers in words. Don't forget the adjective endings!

   EXAMPLE: Das Semester beginnt am .... (15th)
             Das Semester beginnt am **fünfzehnten.**

   1. Unsere Mannschaft hat ihr .... Spiel gewonnen. (1st)

   2. Am .... Dezember bleiben bei uns alle Läden
      geschlossen. (26th)

   3. Wir haben nur ihren .... Mann gekannt. (2nd)

   4. Nur jedes .... Jahr hat einen ....
      Februar. (4th, 29th)

   5. Du darfst deinen Studentenausweis nur bis zum ....
      Juli benutzen. (31st)

   6. Heute haben wir den .... November. (3rd)

   7. Der .... Kunde gewinnt eine Flasche
      Wein. (150th)

I. Compose sentences, using the cues and the tense indicated.

   1. (*present*) heute nachmittag / geben / groß / Fest / in / Altstadt.

      ....

   2. (*perfect*) schilaufen / ihr / wirklich / vor / eine / Woche / in / Alpen?

      ....

   3. (*simple past*) Udo / schon immer / vorhaben // berühmt / Boxer / werden.

      ....

   4. (*simple past*) wie / das / können / passieren?

      ....

   5. (*perfect // present*) Christl / teilnehmen / an / öffentlich / Tennisspiele // weil / sie / sein /
      begeistert / Amateurin.

      ....

      ....

11

A. Supply the adjectives in German with the appropriate endings.

1. Heutzutage gibt es .... Filme. (*good* / *German*)

2. Einige .... Dokumentarfilme sind auch in den USA bekannt. (*new*)

3. Ich kenne nur .... Regisseure. (*crazy*)

4. .... Obst kann man auf dem Marktplatz kaufen. (*beautiful*)

5. .... Wein ist in Amerika teuer. (*German*)

6. Dieser .... Arzt versteht jeden .... Menschen. (*famous* / *sick*)

7. Er hat immer viele .... Dinge zu erzählen. (*funny*)

8. .... Salat empfiehlt er uns immer. (*green*)

9. Wenn ich erkältet bin, esse ich immer .... Suppe. (*warm*)

B. Rewrite the following sentences, leaving out the **der**- or **ein**-word in italics, and changing the adjective ending where necessary.

EXAMPLE: *Die* deutschen Studenten haben jetzt Ferien.
Deutsche Studenten haben jetzt Ferien.

1. Ich habe Interesse für *manche* alten europäischen Traditionen.

....

2. An *solchen* kalten Nachmittagen trage ich einen Pulli.

....

3. Meine Eltern schwimmen nicht gern in *diesem* kalten Wasser.

....

4. Bei *solchem* heißen Wetter müssen wir jede Stunde etwas trinken.

....

5. Es ist nicht gesund, *ein* kaltes Bier so schnell zu trinken.

....

C. In the following sentences, change the noun in italics to the singular, add **ein,** and change the adjective ending when necessary.

EXAMPLE: Ich kannte nette *Studentinnen* an der Universität Bonn.
Ich kannte **eine nette Studentin** an der Universität Bonn.

1. In meinem Seminar hatte ich sympathische *Freunde*.

....

2. Ich machte herrliche *Reisen* mit ihnen.

....

3. Im Studentenheim kannte ich zwei höfliche *Österreicherinnen*.

....

4. Wir wollen nur positive *Resultate*.

....

5. Bei öffentlichen *Diskussionen* rede ich nicht immer mit.

....

6. Sie brauchen praktische *Menschen*.

....

D. Complete each sentence with an appropriate **ein**-word.

  EXAMPLE: Du bist ein Sportler, aber ich bin ....
  Du bist ein Sportler, aber ich bin **keiner.**

  1. Haben Sie Zeit? Nein, ich habe leider ....

  2. Ich glaube, meine Methode ist nicht so gut wie .... , Herr Brinkmann.

  3. Mein Buch ist es nicht, Brigitte; es ist sicher ....

  4. Marie und Anna haben ihren eigenen Fernseher; ich habe leider ....

  5. Ich habe in .... von diesen Kinos gesessen.

  6. Er ist .... von den Kameraleuten.

E. Join each pair of sentences, using one of the conjunctions **wenn, wann,** or **als.**

  EXAMPLE: Ich möchte wissen. Sie reden ein Wort mit ihm.
  Ich möchte wissen, wann Sie ein Wort mit ihm reden.

  1. Ich weiß nicht.
  Die deutschen Regisseure haben dieses Manifest geschrieben.

  ....

  ....

  2. Wir waren in Berlin.
  Wir trafen diesen berühmten Schauspieler.

  ....

  ....

  3. Ich sehe abends fern.
  Es gibt gute alte Filme.

  ....

  4. Was siehst du gern?
  Du siehst abends fern.

  ....

  5. Es gab nur Stummfilme.
  Unsere Großeltern waren jung.

  ....

  ....

F. Compose complete sentences in the tense given, using the following cues.

1. (*perfect*) heute nachmittag / man / zeigen / alt / Propagandafilme / an / Uni ....

....

....

2. (*simple past*) Gretchen / laufen / schnell / in / Bibliothek // um / einige / wichtig / Buch / zu / suchen ....

....

....

3. (*present*) dies / Erfahrung / machen / Frau Kohl / heute / zu / erst / Mal ....

....

....

4. (*perfect*) unser / deutsch / Kollegen / schlafen / in / Hotel ....

....

....

5. (*simple past*) als / international / Spiel / beginnen // alle / Läden / zumachen ....

....

....

6. (*simple past*) hoh- / Preise / in / exklusiv / Münchner / Geschäften / schockieren / amerikanisch / Touristen ....

....

....

G. Write complete sentences in German, using each word or phrase in a way that makes its meaning clear.

1. unabhängig ....

....

....

2. erfahren ....

....

....

66

3. zum ersten Mal ....

....

....

4. verbringen ....

....

....

5. gegenüber ....

....

....

6. zur Polizei ....

....

....

7. vor allem ....

....

....

H. Express the following sentences in English.

1. Wenige Menschen glauben heutzutage an alte Traditionen.

....

....

2. Wenn der Schauspieler den Außenseiter spielt, wird er eine sympathische Figur.

....

....

3. Hast du schon mal mit einer emotionalen Primadonna gesprochen?

....

....

4. Ich bin auch einmal Studentin gewesen.

....

....

5. Mich interessieren keine kitschigen Romane.

....

....

12

A. Supply the appropriate accusative or dative reflexive pronoun.

EXAMPLE: Ich setze .... neben meinen Chef.
Ich setze **mich** neben meinen Chef.

1. Samstags ziehe ich .... nur ein altes Hemd an.

2. Willst du .... noch schnell die Hände waschen?

3. Dieses Jahr kann .... Erik endlich einen warmen Wintermantel leisten.

4. Freuen Sie ...., daß Sie bald in die Schweiz fahren?

5. Ich glaube, wir haben .... noch nicht kennengelernt.

6. Interessierst du .... für moderne Kunst?

7. Wie habt ihr .... die Stadt vorgestellt?

8. Beim Schilaufen habe ich .... schwer verletzt.

9. Frau Lohmann will .... immer nach vorne setzen.

10. Ich möchte .... zuerst entschuldigen, daß ich so spät komme.

B. Complete the following sentences with the appropriate forms of the accusative reflexive verbs, according to the cues.

EXAMPLE: Ich bin nicht in die Schweiz gefahren, weil ich ....
(sich verletzen, *perfect*)
Ich bin nicht in die Schweiz gefahren, weil ich **mich verletzt habe.**

1. Hans .... sehr für diese Vorlesung über die Weimarer Republik

.... (sich interessieren, *perfect*)

2. Herr und Frau Neumann, ... Sie .... bitte mir gegenüber. (sich setzten, *imperative*)

3. .... du .... nicht immer, wenn sie dich besuchen? (sich freuen, *present*)

4. .... Inge, damit wir nicht zu spät ankommen. (sich beeilen, *imperative*)

5. Ich möchte .... : ich heiße Monika Hauser. (sich vorstellen, *present*)

6. Die alten Kollegen .... noch jede Woche im Café. (sich treffen, *simple past*)

7. .... du .... schon vom 10-Kilometer-Lauf .... ? (sich erholen, *perfect*)

C. Replace the direct object with a pronoun, making word order changes where necessary.

  EXAMPLE: Hoffentlich kann ich mir *das neue Auto* kaufen.
  Hoffentlich kann ich es mir kaufen.

1. Nur beim Wandern ziehe ich mir *die Bergschuhe* an.

  ....

2. Ich frage Karl, ob er mir *sein Vorlesungsverzeichnis* geben kann.

  ....

3. Ich muß mir täglich *die Haare* waschen.

  ....

4. Heute morgen haben wir uns *zwei mittelalterliche Kirchen* angesehen.

  ....

5. Johanna hat sich *die Ausstellung* angesehen.

  ....

6. Bringst du mir *deinen Stadtplan von Zürich* mit?

  ....

D. Rewrite the following sentences, using the subjects in parentheses.

  EXAMPLE: Ich muß mich leider beeilen. (Gertrud)
  Gertrud muß sich leider beeilen.

1. Solche verrückten Schuhe möchte ich mir nicht kaufen. (Hans)

  ....

2. Lassen Sie mich bitte nicht zu lange warten! (ihr)

....

3. Ich kann mir so etwas Widerliches gar nicht vorstellen. (sie, *pl.*)

....

4. Mein Mitarbeiter verletzte sich gestern das Auge. (ich)

....

5. Oft lassen sich die Gäste das Frühstück aufs Zimmer bringen. (Herr Ziegler)

....

6. Können Sie sich nicht mal selber ein Ei kochen? (er)

....

7. Sie kann sich schon sehr gut ausdrücken. (ihr)

....

8. Morgens treffen sich Frau Kuhn und Frau Kohlhaas am Bahnhof. (wir)

....

E. Here are some questions about who does what. Answer each with "Nein . . ." and the reflexive form of the verb, saying that the people in question do the things themselves.

EXAMPLE: Hast du ihm den Arm gebrochen?
Nein, er hat sich selbst den Arm gebrochen.

1. Mußt du noch die Kinder anziehen?

....

2. Kocht ihm seine Großmutter noch das Mittagessen?

....

....

3. Hat ihr Jochen den Finger gebrochen?

....

4. Hast du deiner Tochter die Kleider gewaschen?

....

5. Sollen wir dir auch Lebensmittel kaufen?

....

F. Rewrite each sentence in the tense indicated in parentheses.

1. Unser Lehrer fühlt sich nicht wohl. (*perfect*)

   ....

2. Die Kinder haben sich die Hände gewaschen. (*simple past*)

   ....

3. Dieser große Zahn tut mir weh. (*simple past*)

   ....

4. Stephan unterbricht immer die Diskussion. (*perfect*)

   ....

5. Zieht er sich schon an? (*simple past*)

   ....

6. Damals wurde die Inflation schlimm. (*perfect*)

   ....

7. Wir treffen uns immer während der Kaffeepause. (*simple past*)

   ....

8. Der Direktor hat sich im voraus entschuldigt. (*past perfect*)

   ....

G. Supply the appropriate vocabulary item from the list below in its correct form.

sitzen   setzen   sich setzen   liegen   legen   stellen   stehen

1. Während der Ferien konnte ich bis neun Uhr im Bett ....

2. Paul und Renate .... gern im Lokal.

3. Wo finde ich das neue Restaurant? .... es neben dem Bahnhof?

4. Kannst du bitte die Lampe neben den Schreibtisch ....?

5. Kommen Sie bitte herein und .... Sie ....!

6. .... bitte eure Kinder auf die Stühle!

7. Wohin soll ich meine Tasche ....?

8. .... die Vase noch auf dem Tisch?

H. Give the English equivalent of the following sentences.

1. Du kannst die Kinder ruhig eine Stunde allein lassen.

    ....

2. Meine Mutter ließ unter diesen Umständen den Arzt kommen.

    ....

3. Sie lassen einen Künstler das Plakat machen.

    ....

4. Die Frage ist nur, ob man uns allein arbeiten läßt.

    ....

5. Hast du Frau Meyer den Kaffee zahlen lassen?

    ....

I. Express the following dialogues in German.

1. ANNA: Do you know if Stefan feels better today?
   THOMAS: No, I don't believe so. He had the doctor come yesterday.

    ANNA: ....

    ....

    THOMAS: ....

    ....

2. DAUGHTER: Please sit down, Mother.
   MOTHER: Thanks, I'll sit down here next to the window.

    TOCHTER: ....

    MUTTER: ....

    ....

3. WIFE: Hans, don't you have time to shave this morning?
   HUSBAND: No, I have to hurry because my colleague and I are meeting at 7:45.

    FRAU: ....

    ....

    MANN: ....

    ....

4. JENS: Let's drink a cup of coffee together!
   URSULA: Gladly, if you let me pay this time.

   JENS: ....

   ....

   URSULA: ....

   ....

13

A. Rewrite each adjectival or adverbial phrase in the comparative and superlative forms.

EXAMPLE: die lange Straße	**die längere Straße**	**die längste Straße**
1. ein langer Tag		
2. ein billiges Hemd		
3. die nahe Grenze		
4. die repressive Regierung		
5. viel Geld		
6. dunkle Strümpfe		
7. mein hohes Ziel		
8. die schöne Jahreszeit		
9. die kurzen Nachmittage		
10. ein alter Stadtteil		

B. Complete each sentence with the preposition that corresponds to the verb.

EXAMPLE: Ich halte nicht viel .... deinem Plan.
Ich halte nicht viel **von** deinem Plan.

1. Interessierst du dich auch .... Fußball?

2. Warten die anderen .... uns?

3. Vielleicht wollen die ausländischen Studenten auch .... Spiel teilnehmen.

4. Wir sollen den Professor .... mehr Zeit bitten.

5. Niemand hat sich bis jetzt .... die Prüfung vorbereitet.

6. Es ist wirklich schwer, sich .... die langen Vorlesungen zu gewöhnen.

7. Wir denken täglich .... unsere Reise nach England.

8. Darf ich Sie noch .... die Konferenz morgen erinnern?

C. Answer the following questions with the prepositional objects cued in parentheses.

    EXAMPLE: Woran wollt ihr teilnehmen? (die Konferenz)
        Wir wollen an der Konferenz teilnehmen.

1. Woran erinnerst du dich? (die lange Arbeitslosigkeit) ....

   ....

2. Wofür interessiert er sich? (die Geschichte der Partei) ....

   ....

3. Worauf warten wir denn? (der letzte Zug) ....

   ....

4. Wofür hält er uns denn? (ausländische Touristen) ....

   ....

5. Woran müssen sich Irene und Thomas in den USA gewöhnen? (das amerikanische Essen)

   ....

   ....

6. Woran glauben die Politiker heutzutage? (die Demokratie) ....

   ....

D. Complete each sentence by expressing the prepositional phrases in parentheses as verb complements in German. Then, rewrite each sentence with a **da**-compound in place of the prepositional phrase.

    EXAMPLE: Warten Sie (*for the train to Basel*)?
        Warten Sie auf den Zug nach Basel?
        Warten Sie darauf?

1. Ich muß mich (*to various countries*) gewöhnen.

   ....

   ....

2. Wie bereiten sich die Schüler (*for the* Abitur) vor?

   ....

   ....

3. Meinst du, ich kann die Frau dort (*for a cigarette*) bitten?

   ....

   ....

4. Dieser Roman erinnert meine Mutter (*of her youth*).

   ....

   ....

5. Ich weiß nicht, ob er sich (*in political discussions*) interessiert.

   ....

   ....

E. Choose the appropriate German equivalent for "think," and write it in its correct tense and form.

denken an   halten für   halten von   meinen   denken

1. Ich .... , wir sollen immer ehrlich sein.

2. Hannah .... es .... ein wichtiges Ideal.

3. Warum .... er noch .... den zweiten Weltkrieg?

4. Herr Richter .... wie ein resignierter Beamter.

5. Was .... du .... seinem neuen Roman?

F. Write the corresponding questions for each of the following responses. Use a **wo**-compound or a preposition-plus-pronoun.

EXAMPLES: Das Kind spielt mit dem Fußball.
Womit spielt das Kind?

Das Kind spielt mit seinem Freund.
Mit wem spielt das Kind?

1. Sie müssen die Sachen mit Ihrem Wagen transportieren.

....

2. Ich habe mich an meine französische Bekannte erinnert.

....

3. Wir haben mit einem Glas Wein angefangen.

....

4. Die Studenten sprechen über ihre Ferien.

....

5. Rolfs Eltern sind mit ihm und seinen zwei Schwestern ausgewandert.

....

G. Rewrite the answers provided in the exercise above with a **da**-compound or a preposition-plus-pronoun.

EXAMPLES: Das Kind spielt mit dem Fußball.
Das Kind **spielt damit.**

Das Kind spielt mit seinem Freund.
Das Kind **spielt mit ihm.**

1. ....

2. ....

3. ....

4. ....

5. ....

H. Answer the following questions negatively. Use the antonym of the italicized adjective in your answer.

EXAMPLE: Habt ihr die *ältere* Dame gefragt?
Nein, wir haben die jüngere Dame gefragt.

1. Liest du den *längeren* Artikel?

Nein, ...

78

2. Bezahlt man immer *weniger* für Lebensmittel?

Nein, ...

3. Werden die Meere der Welt immer *kühler*?

Nein, ...

4. Ist das deine *ältere* Schwester?

Nein, ...

5. Sucht Marianne eine *kleinere* Wohnung?

Nein, ...

6. Wird die Opposition immer *stärker*?

Nein, ...

I. Create your own advertisements, using the subjects and adjectives provided.

EXAMPLE: (Fahrrad / schnell)

Wollen Sie *das schnellste* Fahrrad haben? Haben Ihre Freunde *schnellere* Fahrräder als Sie? Oder ist Ihr Fahrrad vielleicht nur *genau so schnell wie* ihre Fahrräder? Dann kaufen Sie unsere Fahrräder, denn jeder weiß, *je schneller desto besser*!

1. (gut / Wein)

....

....

....

....

....

2. (groß / Fernseher)

....

....

....

....

....

3. (exklusiv / Wohnung)

....

....

....

....

....

4. (modern / Küche)

....

....

....

....

....

14

A. Complete each sentence with the correct relative pronoun in German.

    EXAMPLE: Ich kenne den Dom nicht, ... du gestern gesehen hast (*that*)
                Ich kenne den Dom nicht, **den** du gestern gesehen hast.

    1. Ist das der Film, ... in Frankreich so beliebt gewesen ist? (*that*)

    2. Mein Großvater kennt viele Geschichten, ... ich immer wieder gern höre.
       (*that*)

    3. Der Typ, mit .... du gesprochen hast, war Marias Verlobter. (*whom*)

    4. Ist das der italienische Regisseur, ... Filme sehr beliebt sind? (*whose*)

    5. Es sind nicht nur arme Leute, ... die Regierung helfen soll. (*whom*)

    6. Sie sprechen von der Zeit, an .... sie immer noch denken. (*which*)

    7. Hier ist eine Liste der Teilnehmer, ... Namen Sie noch nicht kennen. (*whose*)

    8. Wir suchen die Dame, ... dieses Gepäck gehört. (*to whom*)

    9. Das Moped, ... er verkaufen will, kann ich mir nicht leisten. (*which*)

    10. Der deutsche Sportler, ... bei den olympischen Spielen gewonnen hat, ist mit
       mir auf der Schule gewesen. (*who*)

B. Combine each pair of sentences, using the correct preposition followed by a relative clause.

    EXAMPLE: Kommt der Zug? Ich warte auf ihn.
                Kommt der Zug, auf den ich warte?

    1. Ist das die Dame? Ich erinnere mich an sie.

    ....

2. Kennt ihr den Politiker? Alle reden von ihm.

....

3. Hat er alle Werke des Schriftstellers? Er interessiert sich für ihn.

....

....

4. Kennst du die Primadonna? Meine Schwester studiert Musik mit ihrer Lehrerin.

....

....

5. Endlich habe ich ihren neuen Roman gelesen. Auf den Roman habe ich lange gewartet.

....

....

C. Complete each sentence with a relative clause, using the words in parentheses and **was** or **wer** as a relative pronoun.

   EXAMPLE: Ist das alles, (Professor / von / wir / verlangen)?
              Ist das alles, **was der Professor von uns verlangt?**

1. Der Staat soll nichts tolerieren, (Weltkrieg / näher / bringen).

....

2. (etwas / haben / zu verzollen), muß das Gepäck aufmachen.

....

3. Was ist das Gefährliche, (die Europäer / nervös / machen)?

....

4. Es gibt keine Konfrontationen mehr, (ich / halten / für positiv).

....

5. (noch nichts / gegessen haben), soll jetzt aufhören.

....

6. Alles, (Studenten / finden / repressiv), versuchen Sie zu ändern.

....

82

D. Complete the captions for the following pictures with the correct form of the emphatic or demonstrative pronoun.

1. Was für ein interessantes Bild das ist!

   .... möchte ich mir näher ansehen.

   .... hier gefällt mir aber viel besser.

2. Dieser Wein ist aber gut. Wo hast du

   .... denn gekauft?

   .... habe ich um die Ecke gekauft.

   Bei Zeiglers? ˙Haben .... denn
   solche guten Weine?

3. Sollen wir auch deine Freunde Hans und
   Lena einladen?

   Nein, von .... habe ich schon
   lange nichts mehr gehört. Ich wußte

   nicht, daß du .... auch kennst.

   Natürlich! Mit .... war ich mal
   zusammen auf Urlaub.

4. Was hältst du von diesem Mantel?

   Möchtest du .... nicht kaufen?

   Doch, aber .... kann ich mir nicht

   leisten. Außerdem kann ich mit ....
   wirklich nicht ins Konzert.

E. Rewrite each sentence in the future tense.

1. In welchem Semester belegst du Chemie? ....

....

2. Wir beeilen uns, den Anfang des Stückes noch zu sehen. ....

....

3. Erich bittet seine Eltern nie mehr um Geld. ....

....

4. In manchen Ländern kann der Staat die mittelalterlichen Gebäude nicht mehr

renovieren. ....

....

5. Ihr müßt euch an die hohen Preise im Supermarkt gewöhnen. ....

....

6. Er will niemals Beamter werden. ....

....

7. Können wir unser Geld an der Grenze wechseln? ....

....

F. Complete the following sentences by using **nach**, **zu**, or **bei**, and an article if necessary.

EXAMPLE: Fahren deine Freunde dieses Jahr .... Italien?
Fahren deine Freunde dieses Jahr **nach** Italien?

1. Meine Eltern sind .... Müllers gefahren.

2. Um neun fahre ich .... Uni.

3. Meine Schwester wohnt noch .... Hause.

4. Wann fährst du .... Europa?

5. Will er mit dem Rad .... Basel fahren?

6. Heute abend gehen wir .... Marianne.

7. Gehst du mit .... Bahnhof?

8. Stör mich bitte nicht .... Lesen!

9. Ich fahre meine Tante .... Hotel.

10. Ich wohne nicht mehr .... meinen Eltern.

G. Give a non-committal response to the following questions and statements. Use the cues in parentheses to express probability with the future tense and **wohl**.

    EXAMPLE: Christl ist noch nicht da. (um acht)
                 Sie wird wohl um acht kommen.

   1. Wo bleiben denn Hans und Peter? (im Museum sein)

   ....

   2. Der Zug nach Köln ist immer noch nicht abgefahren. (bald)

   ....

   3. Warum geht Thomas in die Buchhandlung? (sich etwas ansehen wollen)

   ....

   4. Was will der Zollbeamte sehen? (die Reisepässe)

   ....

   5. Über das Konzert habe ich nichts gehört. (sehr schön / sein)

   ....

DIE LIEBESLIST

La finta semplice
Wolfgang Amadeus Mozart

JULI/JULY/JUILLET						
Mo	Di	Mi	Do	Fr	Sa	So
04	05			08	09	
		13				16
	19			22	23	
25				29	30	
AUGUST/AUGUST/AOÛT						
		03			06	
	10				13	

H. Express the following sentences in German, using a relative pronoun in each.

   1. Is that the book Anna Seghers wrote?

   ....

   2. What has become of the man who wrote that song?

   ....

   3. Posters that criticize the government do not please the politicians.

   ....

   ....

4. People whose children are still young are interested in this question.

....

....

5. What kind of a test is that, that you can't prepare for?

....

....

6. How was the concert that you heard Monday night?

....

....

I.   Use relative clauses to give definitions of the following vocabulary words.

    EXAMPLE: ein Schreibtisch
                Ein Schreibtisch ist ein Tisch, auf dem man schreibt.

1. eine Kaffeepause ....

....

2. ein Weinglas ....

....

3. eine Schreibmaschine ....

....

4. eine Straßenbahn ....

....

5. ein Liedermacher ....

....

6. die Leberwurst ....

....

7. der Geburtsort ....

....

Name .... Section .... Date ....

15

A. Fill in the missing verb forms, using the person indicated for each verb.

present	past	perfect	general subjunctive (present tense)
sie liest			
		du hast gehabt	
	wir durften		
	er war		
		ich bin gefahren	
er läuft			
	sie lagen		
		sie ist ausgestiegen	
	ich ging		
wir wollen			
ihr werdet			
		er hat getan	
sie weiß			
	er sah		
		wir haben gearbeitet	
	ich aß		
sie halten			

B. The first sentence gives the facts. Make wishes contrary to these facts. Use the general subjunctive and change negative to positive and vice-versa.

   EXAMPLE: Wir haben keine Zeit.
             Wenn wir nur Zeit hätten!

   1. Du bist immer so ernst.

      Wenn ....

   2. Daran kann ich mich nicht erinnern.

      Ich wünschte, ...

   3. Ralph ist nicht mein Verlobter.

      Ich wollte, ...

   4. Ich habe Angst vor Prüfungen.

      Wenn ....

   5. Frau Hofer fühlt sich heute schlecht.

      Wenn ....

   6. Hans wird nicht Schreiner.

      Wenn ....

   7. Dieser Besserwisser hat immer eine Antwort.

      Ich wünschte, ...

   8. Meine Eltern können sich dieses Jahr kein Auto leisten.

      Sie wünschten, ...

C. The first two sentences give the facts. Write conditions contrary to these facts, using *würde* in the conclusion clause.

   EXAMPLE: Ich habe wenig Zeit. Ich helfe Ihnen nicht.
             Wenn ich viel Zeit hätte, würde ich Ihnen helfen.

   1. Ich will nicht Pianistin werden. Ich studiere nicht in Österreich.

      ....

      ....

   2. Wir haben kein Auto. Wir fahren immer mit der Straßenbahn.

      ....

      ....

3. Das Schild hängt da vorne. Der Taxifahrer findet das Restaurant.

   ....

   ....

4. Die Studenten interessieren sich nicht dafür. Ich sage nicht viel darüber.

   ....

   ....

5. Er ist so bescheiden. Er unterbricht mich nicht.

   ....

   ....

6. Udo verdient kein Geld. Er kauft sich kein neues Auto.

   ....

   ....

D. Rewrite each question below in the general subjunctive to express politeness.

   EXAMPLE: Kann ich eine Tasse Kaffee haben?
              Könnte ich eine Tasse Kaffee haben?

1. Darf ich mich vorstellen?

   ....

2. Können Sie bitte langsamer reden?

   ....

3. Sollen Sie heute abend so viel Wein trinken?

   ....

4. Machen Sie bitte ein Foto von uns? (*würde*)

   ....

5. Hast du noch Zeit für mich?

   ....

6. Bringen Sie mir bitte auch ein Bier? (*würde*)

   ....

E. Answer the following questions with complete sentences. Begin your answer with the time expression cued in English.

> EXAMPLE: Wann schreiben Sie Ihr Referat?   (*next week*)
> **Nächste Woche schreibe ich mein Referat.**

1. Wann werden Sie wieder Deutsch belegen?   (*next year*) ....

....

....

2. Wann seid ihr zum letzten Mal zu Hause gewesen?   (*last month*) ....

....

....

3. Wann gehst du meistens ins Bett?   (*at twelve o'clock*) ....

....

....

4. Wann werden Sie Ihrem Chef diese Frage stellen?   (*tomorrow morning*) ......

....

....

5. Wie lange wird sie in der Schweiz bleiben?   (*a whole year*) ....

....

....

6. Wann sollte er von der Firma hören?   (*the day before yesterday*) ....

....

....

F. Two friends are making plans to get together. Create their dialogue, using the following cues and the general subjunctive.

ANJA: du / haben / Lust // nach Grinzing / hinausfahren ?

....

....

MARIA: / ja / gern // dort / sollen / wir / wirklich / einmal / trinken / ein Glas Wein .

....

....

ANJA: wir / können / mit / unser / Fahrräder / fahren // wenn / du / wollen .

....

....

....

MARIA: das / sein / toll! // wann / ich / sollen / vorbeikommen ?

....

....

ANJA: können / du / schon / morgen früh / um elf Uhr / fahren ?

....

....

....

MARIA: ja // ich / vorbeikommen / um Viertel vor .

....

....

G. Complete each contrary-to-fact condition with an appropriate dependent clause in the subjunctive.

    EXAMPLE: Du könntest besser sehen, wenn ....
                    Du könntest besser sehen, **wenn du eine Sonnenbrille hättest.**

    1. Ich würde viel mehr schlafen, wenn ....

       ....

    2. Es würde uns leid tun, wenn ....

       ....

    3. Der Patient müßte vielleicht einen neuen Arzt suchen, wenn ....

       ....

91

4. Beate könnte sich besser auf ihre Arbeit konzentrieren, wenn ....

....

....

5. Wir würden gern umziehen, wenn ....

....

....

16

A. Give both the present and past general subjunctive forms of the following verb phrases.

	present subjunctive	past subjunctive
ich gabe	ich gäbe	ich hätte gegeben
sie wird		
er arbeitet		
sie gehen		
wir sind		
sie schlafen		
ich lasse		
du weißt		
ich tue		
wir fahren		
er kommt		
ich schreibe		

B. Rewrite the following, stating what the Zieglers <u>would</u> have done if they had known earlier that the company was sending them to Germany. Use the past tense of the general subjunctive.

EXAMPLE: Herr Ziegler hat in der letzten Zeit so viel im Haus gemacht.
Wenn er es gewußt hätte, **hätte er nicht so viel im Haus gemacht.**

1. Er ist mit seiner Familie umgezogen. ....

....

2. Seine Frau hat eine neue Kleiderboutique aufgemacht. ....

....

3. Sie haben sich ein zweites Auto kaufen müssen. ....

....

4. Sie haben für August eine Urlaubsreise nach Kalifornien geplant. ....

....

....

5. Sie haben nicht an einem Sprachkurs teilgenommen. ....

....

6. Beide haben wenig über Deutschland gelesen. ....

....

C. Complete the following sentences, using the cues in parentheses to form subjunctive clauses in the past tense.

EXAMPLE: Ich wollte, (ich / früher / Chinesisch lernen)
Ich wollte, **ich hätte früher Chinesisch gelernt.**

1. Kirstin wünschte, (sie / damals / ihr Beruf / ändern können)

....

2. Der Fußballspieler wünschte, (er / länger / trainieren)

....

3. Ich wünschte, (ich / auf dem Berg / schilaufen können)

   ....

4. Meine Freunde wollten, (sie / damals / zur Demo / gehen können)

   ....

5. Der Lehrer wünschte, (Schüler / nicht so viele Vorurteile haben)

   ....

6. Ich wollte, (er / damals / meine Kritik / verstehen können)

   ....

7. Wir wünschten, (die anderen Diskussionsteilnehmer / damals / nicht fehlen)

   ....

D. Rewrite these sentences, eliminating **wenn.**

   EXAMPLE: Wenn Thomas weiter studiert hätte, hätte er Professor werden können.
   Hätte Thomas weiter studiert, hätte er Professor werden können.

   1. Wenn ich krank wäre, ginge ich zum Arzt.

   ....

   2. Wenn die Preise gestiegen wären, hätten wir uns keine Wohnung leisten können.

   ....

   ....

   3. Wenn unsere Tochter ein Auto gehabt hätte, wäre sie zu uns gefahren.

   ....

   ....

   4. Wenn ich mehr geschlafen hätte, wäre ich nicht so müde.

   ....

   ....

   5. Wenn die Touristen mehr Zeit gehabt hätten, hätten sie sich mehr angesehen.

   ....

   ....

   6. Wenn es weniger zu tun gäbe, wäre ich nicht so k.o.

   ....

E. Answer the following questions, using **als ob** and the cues in English.

EXAMPLE: Wie sahen Müllers aus? (*as though they had recovered*)
Sie sahen aus, als ob sie sich erholt hätten.

1. **Wie sah das Auto aus?** (*as though it were new*) ....

....

2. **Wie sah Claudias Wohnung aus?** (*as though Claudia had paid a lot for it*) ....

....

3. **Wie gut sprach Horst Englisch?** (*as though he were an American*) ....

....

4. **Was tat der Chef?** (*acted as though it didn't matter to him*) ....

....

5. **Was habt ihr am Zoll getan?** (*acted as though we were honest*) ....

....

F. Two senior **citizens** are talking about some **younger** people. Complete each sentence with a clause in the **general** subjunctive. Leave out **ob** and use verb-second word order.

EXAMPLE: **Wahrscheinlich sind sie keine Studenten,**
aber sie tun, als wären sie Studenten.

1. Hoffentlich sind sie **nicht radikal,**

   aber sie sprechen, als ....

2. Sie haben bestimmt etwas **Geld,**

   aber sie sehen aus, als ....

3. Hoffentlich wollen sie nicht demonstrieren,

   aber es sieht so aus, als ....

....

4. Ich weiß nicht, ob sie auch noch hier übernachten wollen,

   aber sie tun, als ....

....

5. Hoffentlich bleiben sie nicht lange hier,

   aber sie reden, als ....

....

G. Complete the following sentences with the appropriate verbs from the list below.

hineingehen   hinausgehen   herauskommen   hereinkommen   hinüberschauen

hinfahren   herfahren

1. Die Mauer ist so hoch, daß man in die nächste Straße nicht .... kann.

2. Jeden Tag sitzt die alte Frau am Fenster und sieht sich die Straßenbahnen an, die hin- und

   ....

3. Frag doch deine Mutter, ob du heute .... und mit uns spielen darfst.

4. .... bitte schnell in das Geschäft .... und kauf mir eine Postkarte.

5. Wo .... ihr in den Ferien ....? In die Schweiz?

6. Würden Sie Herrn Schmidt bitten, ...? Ich möchte jetzt mit ihm sprechen.

7. Wir wollen bei diesem schönen Wetter nicht im Haus bleiben. .... wir

   doch ....!

H. Answer the following questions using the cues in parentheses. Change the cued infinitive to a past participle used as an adjective.

   EXAMPLE: Wofür sind Sie verantwortlich?   (exportieren / Waren)
   Ich bin für die exportierten Waren verantwortlich.

1. Wie ist er hereingekommen?   (als Gast / einladen)

   ....

2. Was tut dir weh?   (verletzen / das Knie)

   ....

3. Worüber redet die Mannschaft noch?   (gewinnen / Spiel)

   ....

4. Worauf warten sie?   (versprechen / Kaffeepause)

   ....

5. Was sucht Gretchen noch?   (verlieren / Koffer)

   ....

I.   Give the German equivalents of the conversational exchanges.

1. —Everything Kurt says has to do with his new car.
   —Yes, I know, as if that were everything!

   ....

   ....

2. —You could have talked with them a little longer.
   —Yes, but I didn't want them to ask me questions.

   ....

   ....

3. —When would you like to come by?
   —After I have done my homework. I will probably do it this afternoon.

   ....

   ....

   ....

4. —Could it be that there is no lecture this morning?
   —Darn it all! I wanted to come by early to talk to the professor.

   ....

   ....

   ....

J.   Complete each contrary-to-fact condition with an appropriate dependent clause in the general subjunctive.

1. Wenn ich mehrere Fremdsprachen könnte, ...

   ....

2. Wenn ich einen neuen Sportwagen hätte, ...

   ....

3. Wenn ich nur noch fünf Mark hätte, ...

   ....

4. Wenn ich großen Hunger hätte, ...

   ....

5. Wenn ich jetzt einen halben Tag frei hätte, ...

   ....

17

A. Rewrite the following sentences in the passive, making sure to use the same tense as in the active sentence.

EXAMPLE: Meine Freunde grüßen den Gast.
            Der Gast wird von meinen Freunden gegrüßt.

1. Man braucht die Ausländer in der deutschen Industrie.

    ....

2. Nach einigen Jahren holen sie oft ihre Familien nach Deutschland.

    ....

    ....

3. Sie müssen ihre Kinder in deutsche Schulen schicken.

    ....

4. Die Eltern vergessen die Heimat nicht leicht.

    ....

5. Man feierte gestern den neunzigsten Geburtstag meines Großvaters.

    ....

    ....

6. Man mußte das ganze Haus sauber machen.

    ....

7. Wir stellten Blumen und ein paar Geschenke ins Wohnzimmer.

    ....

8. Wir luden alle Verwandten und Freunde zur Party ein.

....

9. Meine Mutter und meine Tanten kochten ein leckeres Essen.

....

....

B. Complete each sentence with the correct form of **werden,** using the tense cued. Then give the English equivalent of each sentence.

EXAMPLE: Nach dem Studium .... ich eine Stelle suchen müssen. (*future*)
Nach dem Studium **werde** ich eine Stelle suchen müssen.
After my studies I will have to look for a job.

1. Hans und Sonja .... am 10. Juni heiraten. (*future*)

....

2. Gestern .... ich einundzwanzig. (*simple past*)

....

3. Das .... hoffentlich bald kommen! (*future*)

....

4. Das Lokal in München .... schon um vier Uhr morgens aufgemacht. (*present*)

....

5. Seine Schwester ist eine berühmte Pianistin .... (*perfect*)

   ....

6. Muß das Haus nicht irgendwann renoviert ....? (*present*)

   ....

7. Es ist in allen Zeitungen berichtet .... (*perfect*)

   ....

C. Answer the following questions, using *sein. . .zu* + infinitive and the cue in parentheses.

   EXAMPLE: Kann man es noch ändern? (nein)
              Nein, es ist nicht mehr zu ändern.

   1. Muß die Arbeit heute gemacht werden? (ja)

   ....

   2. Kann man überall gute Leberwurst kaufen? (ja)

   ....

   3. Müssen wir in drei Wochen das Referat schreiben? (ja)

   ....

   4. Können wir die richtige Antwort finden? (nein)

   ....

   5. Können Sie die Tür nicht aufmachen? (doch)

   ....

D. Rewrite each sentence in the active voice, using the passive substitute **man**. Keep the tense of the original sentence.

   EXAMPLE: Die Kinder wurden nicht eingeladen.
              Man lud die Kinder nicht ein.

   1. Es wurde wochenlang gefeiert.

   ....

   2. Deutscher Wein wurde getrunken.

   ....

3. Der Laden ist noch nicht aufgemacht worden.

....

4. Das darf nicht vergessen werden.

....

5. Mir ist keine Antwort gegeben worden.

....

6. Dadurch wurde die Kommunikation unterbrochen.

....

7. Hoffentlich kann ein Weg bald gefunden werden.

....

E. Give the English equivalents of the following sentences, which use the impersonal passive or substitutes for the passive voice.

1. Man hat versucht, alle Wünsche auf einmal zu erfüllen.

....

2. Diese Sprache läßt sich schnell lernen.

....

3. Gute Gründe lassen sich finden.

....

4. Es ist tatsächlich von allen verstanden worden.

....

5. Warum schrieb man das Manifest nicht gleich in verschiedenen Sprachen?

....

....

6. Es ist nicht zu glauben.

....

7. In diesem Lokal wird oft bis zwei Uhr gesungen.

....

8. An der Uni wird viel über Politik geredet.

....

F. Supply an appropriate form of **sein** or **werden** in the following sentences.

1. Letztes Jahr .... mein Geburtstag total vergessen.

2. Dieses Kleid können Sie leider nicht haben. Es .... schon verkauft.

3. Dieses Plakat darf nicht verkauft ....

4. Hoffentlich .... die D-Mark bald wieder steigen.

5. Einige Abrüstungsdemonstrationen .... von der Regierung in der DDR toleriert.

6. Ich .... wirklich erstaunt: das Lokal hat sonntags zu.

7. Unsere Mieter .... wohl heute einziehen.

8. Sein neuer Roman .... schon übersetzt worden.

9. Seit letztem November .... Wohnungen in der Stadt immer teurer.

10. Der Kölner Dom .... in mittelalterlichen Zeiten gebaut.

G. Answer the following questions, using adjectives made from the present participles of the verbs in parentheses, and adding definite articles.

EXAMPLE: Wen wollte die Mutter nicht stören? (schlafen / Kinder)
          Sie wollte die schlafenden Kinder nicht stören.

1. Wen siehst du vor dem Rathaus? (demonstrieren / Bürger)

   ....

2. Warum wird die Inflation jetzt schlimmer? (wegen / steigen / Preise)

   ....

   ....

3. Wann heiraten Monika und ihr Verlobter? (an / kommen / Samstag)

   ....

4. Wann fährst du nach München? (in / kommen / Herbst)

   ....

5. Wovon spricht der Professor? (wachsen / Interesse der Studenten)

   ....

   ....

H. Use relative clauses to explain each of the vocabulary items below.

    EXAMPLE: Schlafzimmer   **Ein Schlafzimmer ist ein Zimmer, in dem man schläft.**

    1. Zimmerkamerad

    ....

    ....

    2. Küche

    ....

    ....

    3. Eßzimmer

    ....

    ....

    4. Geburtstag

    ....

    ....

    5. Gaststätte

    ....

    ....

    6. Muttersprache

    ....

    ....

    7. Verlobte(r)

    ....

    ....

18

A. Rewrite the following direct quotes in indirect quotation, using the general subjunctive and **daß.**

EXAMPLE: Irmtraud sagte: ,,Morgen schreibe ich mein Referat.''
Irmtraud sagte, daß sie morgen ihr Referat schriebe.

1. Sie meinte: ,,Alle gehen heute in die Bibliothek.''

....

....

....

2. Meine Freundin sagt mir: ,,Ich kann gut mit zweihundert Mark pro Woche auskommen.''

....

....

....

3. Dr. Fischer sagte: ,,Viele Männer müssen ihre Meinungen ändern.''

....

....

....

4. Er meinte auch: ,,Wenige wissen meinen Namen.''

....

....

....

5. Meine Mutter hat mir immer gesagt: ,,Dein Zimmer ist wirklich unordentlich.''

....

....

....

6. Da habe ich ihr immer geantwortet: ,,Ich habe es nicht gern, so sauber und ordentlich zu sein.''

....

....

....

B. Rewrite the following direct quotes in indirect speech, using the special subjunctive without **daß**.

EXAMPLE: Frau Schmidt sagte: ,,Mein Chef ist sehr agressiv.''
Frau Schmidt sagte, ihr Chef sei sehr agressiv.

1. Der Deutsche sagte: ,,Mein Land hat das gleiche Problem.''

....

....

2. Die Professorin sagt: ,,In diesem Falle spielt die Angst eine große Rolle.''

....

....

....

3. In der Zeitung steht: ,,Der Sportler von heute läuft immer schneller.''

....

....

....

4. Mein Bruder meinte: ,,Ich kann kein neues Auto bezahlen.''

....

....

....

5. Im Grundgesetz heißt es: ,,Alle Menschen sind gleichberechtigt.''

    ....

    ....

6. Der Chef sagte: ,,Ich weiß nicht, ob ich Sie im Moment brauchen kann.''

    ....

    ....

    ....

C. Rewrite the following direct quotes in indirect speech, using **daß** and the special subjunctive in the past.

EXAMPLE: Der Chef sagte zu Frau Schmidt: ,,Sie sind heute etwas spät gekommen.''
Der Chef sagte zu Frau Schmidt, daß sie heute etwas spät gekommen sei.

1. Unser Professor meint: ,,Dieses Problem ist schon analysiert worden.''

    ....

    ....

    ....

2. Eine Feministin sagte: ,,Die Frauen wurden vor Jahren schon mit diesem Problem konfrontiert.''

    ....

    ....

    ....

3. Mein Vater meinte: ,,Es gab einen echten Unterschied zwischen den Geschlechtern.''

    ....

    ....

    ....

4. Die Patientin berichtete: ,,Das Gespräch ging hauptsächlich um meine Gesundheit.''

    ....

    ....

    ....

5. Der Kunde sagte: ,,Ich habe den Metzger schon um Schweinefleisch gebeten.''

....

....

....

D. Rewrite the following directly quoted questions in indirect speech, providing both general and special subjunctive forms.

   EXAMPLE: Er fragte sie, ,,Haben Sie die Arbeit für heute schon angefangen?''
   Er fragte sie, ob sie die Arbeit für heute schon angefangen hätte / habe.

1. Wir fragten unseren Kollegen: ,,Hast du dort Kontakte?''

....

....

....

2. Wir fragten den Beamten: ,,Wann kommt der Zug?''

....

....

3. Ich fragte neulich meinen Bekannten: ,,Glaubst du an die Frauenemanzipation?''

....

....

4. Am ersten Tag fragte ein Student: ,,Wird hier geraucht?"

....

....

....

5. Als Sabine zurückkam, fragte sie uns: ,,Ist alles schon erledigt worden?"

....

....

....

6. Die Angestellte fragte: ,,Was wissen Sie denn darüber?"

....

....

....

E. Which word in each group does <u>not</u> belong to the set?

EXAMPLE: die Nase, das Ohr, der Fuß, der   **der Fuß**
Mund, das Auge   ....

1. das Haus, die Wohnung, die Möbel, die   ....
Miete, der Dom

2. die Geschichte, die Erzählung, das   ....
Gesicht, die Schriftstellerin

3. der Nebel, der Teller, das Messer, trin-   ....
ken, der Nachtisch

4. selten, öfter, manchmal, offen, normaler-   ....
weise

5. montags, dienstags, mittags, donnerstags, ...
freitags

6. die Mannschaft, gewinnen, das Spiel, ...
schneien, die Sportart

7. singen, sitzen, sprechen, fragen, berich-   ....
ten

8. das Ei, das Fleisch, der Käse, der Senf, ...
die Gabel

F.   Fill in the appropriate compound noun or verb, using a form derived from the given word.

1. fahren   *to drive*

....   *trip*

....   *ticket*

....   *bicycle*

....   *to depart*

....   *experience*

2. die Reise   *trip*

....   *travel agency*

....   *passport*

....   *to travel around*

3. das Zimmer   *room*

....   *bathroom*

....   *dining room*

....   *living room*

....   *roommate*

....   *bedroom*

4. das Buch   *book*

....   *bookstore*

....   *movie script*

5. fliegen   *to fly*

....   *airport*

....   *airplane*

....   *airline ticket*

6. die Karte   *ticket, map*

....   *menu*

....   *postcard*

....   *theater ticket*

LABORATORY MANUAL

The following pages will help you use the Tapes to accompany **Neue Horizonte.** The symbol ⬜ refers you to the textbook, where you will find the material being spoken. The **Fragen zu den Dialogen** (*Questions on the Dialogues*), **Übung zur Betonung** (*Practice with Stress*), and **Diktat** (*Dictation*) do not appear in the textbook.

Name .... Section .... Date ....

INTRODUCTION

The Sounds of German (📖 p. 3-10)   Repeat these exercises on the vowels and consonants according to the directions you will hear.

Classroom Expressions (📖 p. 12-13)   Listen to the classroom expressions and repeat them in the pauses provided.

1

Dialoge (📖 p. 17)   Listen to the dialogues and repeat each sentence in the pause provided.

Fragen zu den Dialogen - *Questions on the dialogues*   You will hear a series of questions and answers about the dialogues. Listen to each conversational exchange. Then the question will be repeated and you supply the answer in the pause provided.

Neue Kombinationen (📖 p. 20)   Listen to the new combinations and repeat them in the pauses provided.

Übung zur Aussprache (📖 p. 20)   Listen to the pronunciation exercises and repeat them in the pauses provided.

Übung zur Betonung - *Practice with stress*   Listen to each word or phrase as it is spoken. Repeat it in the pause provided, and then underline the stressed syllable or syllables in the list below.

na tür lich	wa rum
ty pisch	zu rück
Sep tem ber	Ent schul di gung
ar bei ten	im Mo ment
die Stra ße	grüß dich
die Sup pe	for mell
al so	die So li da ri tät
a ber	der Stu dent
viel leicht	der Tou rist

Diktat - *Dictation*   Each sentence will be read twice. After the first reading, try to write all that you have heard in the spaces provided below. After the second reading, fill in what you have missed. (The dictation contains material from all of Chapter 1. You should study the **Grammatik** and the **Lesestück** before doing it.)

1. ....

....

2. ....

....

3. ....

....

4. ....

....

5. ....

....

6. ....

....

7. ....

....

8. ....

....

9. ....

....

10. ....

....

2

___

Dialoge (📖 p. 39)   Listen to the dialogues and repeat each sentence in the pause provided.

Fragen zu den Dialogen   You will hear a series of questions and answers about the dialogues. Listen to each conversational exchange. Then the question will be repeated and you supply the answer in the pause provided.

Neue Kombinationen (📖 p. 41)   Listen to the new combinations and repeat them in the pauses provided.

Übung zur Aussprache (📖 p. 41)   Listen to the pronunciation exercises and repeat them in the pauses provided.

Übung zur Betonung   Listen to each word or phrase as it is spoken. Repeat it in the pause provided, and then underline the stressed syllable or syllables in the list below.

der	Ar ti kel	die	Al ter na ti ve
der	Jun ge	die	Dis kus sion
die	Leu te	die	Fa mi li e
die	Zei tung	der	Kon flikt
al le		nor mal	
ge ra de		das	Pro blem
so wie so		re la tiv	
bit te sehr		so zial	
vie len Dank		tra di tio nell	
zu Hau se		die	Bun des re pu blik

Diktat   Each sentence will be read twice. After the first reading, try to write all that you have heard in the spaces provided below. After the second reading, fill in what you have missed. (The dictation contains material from all of Chapter 2. You should study the **Grammatik** and the **Lesestück** before doing it.)

1. ....
   ....

2. ....
   ....

3. ....
   ....

4. ....
   ....

5. ....
   ....

6. ....
   ....

7. ....
   ....

8. ....
   ....

9. ....
   ....

10. ....
    ....

3

Dialoge (📖 p. 57)   Listen to the dialogues and repeat each sentence in the pause provided.

Fragen zu den Dialogen   You will hear a series of questions and answers about the dialogues. Listen to each conversational exchange. Then the question will be repeated and you supply the answer in the pause provided.

Neue Kombinationen (📖 p. 59)   Listen to the new combinations and repeat them in the pauses provided.

Übung zur Aussprache (📖 p. 59)   Listen to the pronunciation exercises and repeat them in the pauses provided.

Übung zur Betonung   Listen to each word or phrase as it is spoken. Repeat it in the pause provided, and then underline the stressed syllable or syllables in the list below.

lang wei lig		die	Mu sik
lei der		das	Sy stem
in ter es sant		das	Schul sy stem
lang sam		die	Haus auf ga be
die	Freun din	die	Fremd spra che
die	Deutsch stun de	die	Mo de
ein	biß chen	die	A me ri ka rei se
ge nug		be son ders	
dort	drü ben	un be dingt	
a me ri ka nisch		ei gent lich	

Diktat Each sentence will be read twice. After the first reading, try to write all that you have heard in the spaces provided below. After the second reading, fill in what you have missed. (The dictation contains material from all of Chapter 3. You should study the **Grammatik** and the **Lesestück** before doing it.)

1. ....

....

2. ....

....

3. ....

....

4. ....

....

5. ....

....

6. ....

....

7. ....

....

8. ....

....

9. ....

....

4

Dialoge (📖 p. 79) Listen to the dialogues and repeat each sentence in the pause provided.

Fragen zu den Dialogen You will hear a series of questions and answers about the dialogues. Listen to each conversational exchange. Then the question will be repeated and you supply the answer in the pause provided.

Neue Kombinationen (📖 p. 81) Listen to the new combinations and repeat them in the pauses provided.

Übung zur Aussprache (📖 p. 81) Listen to the pronunciation exercises and repeat them in the pauses provided.

Übung zur Betonung Listen to each word or phrase as it is spoken. Repeat it in the pause provided, and then underline the stressed syllable or syllables in the list below.

das   Te le fon   cha rak te ris tisch

der   Ur laub   Eu ro pa

hof fent lich   der   Kon trast

wirk lich   un kul ti viert

zu sam men   der   Bier trin ker

zwei mal   die   Ost see

gu te   I dee   das   Ver gnü gen

mor gen   nach mit tag   der   Ne bel

noch   ein mal   das   Kli ma

Diktat   Each sentence will be read twice. After the first reading, try to write all that you have heard in the spaces provided below. After the second reading, fill in what you have missed. (The dictation contains material from all of Chapter 4. You should study the **Grammatik** and the **Lesestück** before doing it.)

1. ....
....

2. ....
....

3. ....
....

4. ....
....

5. ....
....

6. ....
....

7. ....
....

8. ....
....

9. ....
....

10. ....
....

Name .... Section .... Date ....

5

Dialoge (📖 p. 101)   Listen to the dialogues and repeat each sentence in the pause provided.

Fragen zu den Dialogen   You will hear a series of questions and answers about the dialogues. Listen to each conversational exchange. Then the question will be repeated and you supply the answer in the pause provided.

Neue Kombinationen (📖 p. 103)   Listen to the new combinations and repeat them in the pauses provided.

Übung zur Aussprache (📖 p. 103)   Listen to the pronunciation exercises and repeat them in the pauses provided.

Übung zur Betonung   Listen to each word or phrase as it is spoken. Repeat it in the pause provided, and then underline the stressed syllable or syllables in the list below.

an fan gen	der Me cha ni ker
auf hö ren	de ko ric ren
weg ge hen	ein kau fen
ken nen ler nen	spa zie ren ge hen
das Ab i tur	vor bei kom men
ein ver stan den	die Ar bei te rin
un ver nünf tig	die Fa brik
wo her	das Mit tag es sen
e gal	der Ver kehr
der Ki lo me ter	der Kol le ge

123

Diktat Each sentence will be read twice. After the first reading, try to write all that you have heard in the spaces provided below. After the second reading, fill in what you have missed. (The dictation contains material from all of Chapter 5. You should study the **Grammatik** and the **Lesestück** before doing it.)

1. ....
....

2. ....
....

3. ....
....

4. ....
....

5. ....
....

6. ....
....

7. ....
....

8. ....
....

9. ....
....

10. ....
....

6

Dialoge (📖 p. 127)   Listen to the dialogues and repeat each sentence in the pause provided.

Fragen zu den Dialogen   You will hear a series of questions and answers about the dialogues. Listen to each conversational exchange. Then the question will be repeated and you supply the answer in the pause provided.

Neue Kombinationen (📖 p. 129)   Listen to the new combinations and repeat them in the pauses provided.

Übung zur Aussprache (📖 p. 129)   Listen to the pronunciation exercises and repeat them in the pauses provided.

Übung zur Betonung   Listen to each word or phrase as it is spoken. Repeat it in the pause provided, and then underline the stressed syllable or syllables in the list below.

im	Ap ril		die	Fe ri en
das	Kon zert		die	Ge schich te
die	Me di zin		so fort	
die	Psy cho lo gie		die	Dis ser ta tion
die	U ni ver si tät		mit brin gen	
an kom men			das	Vor le sungs ver zeich nis
der	Stu den ten aus weis		pri vat	
der	Schreib tisch		un mög lich	

Diktat   Each sentence will be read twice. After the first reading, try to write all that you have heard in the spaces provided below. After the second reading, fill in what you have missed. (The dictation contains material from all of Chapter 6. You should study the **Grammatik** and the **Lesestück** before doing it.)

1. ....
   ....

2. ....
   ....

3. ....
   ....

4. ....
   ....

5. ....
   ....

6. ....
   ....

7. ....
   ....

8. ....
   ....

9. ....
   ....

10. ....
    ....

7

Dialoge (📖 p. 173)   Listen to the dialogues and repeat each sentence in the pause provided.

Fragen zu den Dialogen   You will hear a series of questions and answers about the dialogues. Listen to each conversational exchange. Then the question will be repeated and you supply the answer in the pause provided.

Neue Kombinationen (📖 p. 175)   Listen to the new combinations and repeat them in the pauses provided.

Übung zur Aussprache (📖 p. 175)   Listen to the pronunciation exercises and repeat them in the pauses provided.

Übung zur Betonung   Listen to each word or phrase as it is spoken. Repeat it in the pause provided, and then underline the stressed syllable or syllables in the list below.

die	Ge o gra phie	ü ber nach ten	
die	Fla sche	am	A bend
der	Na me	I ta li en	
die	Wo che	die	Ju gend her ber ge
tat säch lich		der	Tram per
das	In ter view	sym pa thisch	
pas sie ren		vor sich tig	
		der	Ver kehr

Diktat   Each sentence will be read twice. After the first reading, try to write all that you have heard in the spaces provided below. After the second reading, fill in what you have missed. (The dictation contains material from all of Chapter 7. You should study the **Grammatik** and the **Lesestück** before doing it.)

1. ....

   ....

2. ....

   ....

3. ....

   ....

4. ....

   ....

5. ....

   ....

6. ....

   ....

7. ....

   ....

8. ....

   ....

9. ....

   ....

10. ....

   ....

8

Dialoge (📖 p. 199)   Listen to the dialogues and repeat each sentence in the pause provided.

Fragen zu den Dialogen   You will hear a series of questions and answers about the dialogues. Listen to each conversational exchange. Then the question will be repeated and you supply the answer in the pause provided.

Neue Kombinationen (📖 p. 201)   Listen to the new combinations and repeat them in the pauses provided.

Übung zur Aussprache (📖 p. 201)   Listen to the pronunciation exercises and repeat them in the pauses provided.

Übung zur Betonung   Listen to each word or phrase as it is spoken. Repeat it in the pause provided, and then underline the stressed syllable or syllables in the list below.

das	Re stau rant	das	Früh stück
der	Kaf fee	der	In halt
die	Gast stät te	der	Schnell im biß
der	Sa lat	trotz dem	
ja wohl		Gu ten Ap pe tit	
je mand		die	O ran ge
die	Ös ter reich er in	die	Mar me la de
ü ber set zen		die	Kar tof fel

Diktat Each sentence will be read twice. After the first reading, try to write all that you have heard in the spaces provided below. After the second reading, fill in what you have missed. (The dictation contains material from all of Chapter 8. You should study the **Grammatik** and the **Lesestück** before doing it.)

1. ....
....

2. ....
....

3. ....
....

4. ....
....

5. ....
....

6. ....
....

7. ....
....

8. ....
....

9. ....
....

10. ....
....

9

Dialoge (📖 p. 219)   Listen to the dialogues and repeat each sentence in the pause provided.

Fragen zu den Dialogen   You will hear a series of questions and answers about the dialogues. Listen to each conversational exchange. Then the question will be repeated and you supply the answer in the pause provided.

Neue Kombinationen (📖 p. 221)   Listen to the new combinations and repeat them in the pauses provided.

Übung zur Aussprache (📖 p. 221)   Listen to the pronunciation exercises and repeat them in the pauses provided.

Übung zur Betonung   Listen to each word or phrase as it is spoken. Repeat it in the pause provided, and then underline the stressed syllable or syllables in the list below.

der	Mo nat	die	In dus trie stadt
her aus kom men		die	Me tro po le
dort hin		das	Mu se um
ge gen ü ber		das	The a ter
da mals		das	Ge bäu de
un ruh ig		die	Po li zei
nach her		ob wohl	
der	As pekt	das	Ca fé

Diktat Each sentence will be read twice. After the first reading, try to write all that you have heard in the spaces provided below. After the second reading, fill in what you have missed. (The dictation contains material from all of Chapter 9. You should study the **Grammatik** and the **Lesestück** before doing it.)

1. ....
   ....

2. ....
   ....

3. ....
   ....

4. ....
   ....

5. ....
   ....

6. ....
   ....

7. ....
   ....

8. ....
   ....

9. ....
   ....

10. ....
    ....

10

___

Dialoge (📖 p. 245) Listen to the dialogues and repeat each sentence in the pause provided.

Fragen zu den Dialogen You will hear a series of questions and answers about the dialogues. Listen to each conversational exchange. Then the question will be repeated and you supply the answer in the pause provided.

Neue Kombinationen (📖 p. 247) Listen to the new combinations and repeat them in the pauses provided.

Übung zur Aussprache (📖 p. 247) Listen to the pronunciation exercises and repeat them in the pauses provided.

Übung zur Betonung Listen to each word or phrase as it is spoken. Repeat it in the pause provided, and then underline the stressed syllable or syllables in the list below.

das Ge schenk	po si tiv
be geis tert	na tio nal
heut zu ta ge	die Fi gur
so et was	die Kom mu ni ka tion
sonn a bends	teil neh men
ex klu siv	der Schi läu fer
ak tiv	be rühmt
der Ath let	

Diktat Each sentence will be read twice. After the first reading, try to write all that you have heard in the spaces provided below. After the second reading, fill in what you have missed. (The dictation contains material from all of Chapter 10. You should study the **Grammatik** and the **Lesestück** before doing it.)

1. ....
....

2. ....
....

3. ....
....

4. ....
....

5. ....
....

6. ....
....

7. ....
....

8. ....
....

9. ....
....

10. ....
....

11

Dialoge (📖 p. 267)   Listen to the dialogues and repeat each sentence in the pause provided.

Fragen zu den Dialogen   You will hear a series of questions and answers about the dialogues. Listen to each conversational exchange. Then the question will be repeated and you supply the answer in the pause provided.

Neue Kombinationen (📖 p. 269)   Listen to the new combinations and repeat them in the pauses provided.

Übung zur Aussprache (📖 p. 270)   Listen to the poem and repeat it in the pauses provided.

Übung zur Betonung   Listen to each word or phrase as it is spoken. Repeat it in the pause provided, and then underline the stressed syllable or syllables in the list below.

fern se hen	e mo ti o nal
in ter es sie ren	eu ro pä isch
ver ste hen	die Me tho de
der Re gis seur	so lid
er käl tet	das In ter es se
heu te nach mit tag	der Ro man
bru tal	das Ex il
der Di a log	

Diktat Each sentence will be read twice. After the first reading, try to write all that you have heard in the spaces provided below. After the second reading, fill in what you have missed. (The dictation contains material from all of Chapter 11. You should study the **Grammatik** and the **Lesestück** before doing it.)

1. ....

....

2. ....

....

3. ....

....

4. ....

....

5. ....

....

6. ....

....

7. ....

....

8. ....

....

9. ....

....

10. ....

....

12

___

Dialoge (p. 289)   Listen to the dialogues and repeat each sentence in the pause provided.

Fragen zu den Dialogen   You will hear a series of questions and answers about the dialogues. Listen to each conversational exchange. Then the question will be repeated and you supply the answer in the pause provided.

Neue Kombinationen (p. 291)   Listen to the new combinations and repeat them in the pauses provided.

Übung zur Aussprache (p. 292)   Listen to the poem and repeat it in the pauses provided.

Übung zur Betonung   Listen to each word or phrase as it is spoken. Repeat it in the pause provided, and then underline the stressed syllable or syllables in the list below.

früh stü cken			ka ta stro phal	
die	Pau se		die	Mil li on
das	Se mi nar		die	Re pub lik
mit tel al ter lich			die	Ar beits lo sig keit
die	Po li tik		die	Par tei
das	Ge sicht		der	Po li ti ker
der	An ti se mi tis mus		im	vor aus
i de o lo gisch			all mäh lich	

Diktat   Each sentence will be read twice. After the first reading, try to write all that you have heard in the spaces provided below. After the second reading, fill in what you have missed. (The dictation contains material from all of Chapter 12. You should study the **Grammatik** and the **Lesestück** before doing it.)

1. ....

....

2. ....

....

3. ....

....

4. ....

....

5. ....

....

6. ....

....

7. ....

....

8. ....

....

9. ....

....

10. ....

....

13

Dialoge (📖 p. 329)   Listen to the dialogues and repeat each sentence in the pause provided.

Fragen zu den Dialogen   You will hear a series of questions and answers about the dialogues. Listen to each conversational exchange. Then the question will be repeated and you supply the answer in the pause provided.

Neue Kombinationen (📖 p. 331)   Listen to the new combinations and repeat them in the pauses provided.

Übung zur Aussprache (📖 p. 332)   Listen to the poem and repeat it in the pauses provided.

Übung zur Betonung   Listen to each word or phrase as it is spoken. Repeat it in the pause provided, and then underline the stressed syllable or syllables in the list below.

die	Fran zö sin	to le rie ren	
die	Kon fe renz	der	In tel lek tu el le
fi nan zi ell		das	Jahr hun dert
re pres siv		pa ra dox	
die	Sow jet u ni on	frei wil lig	
das	Sym bol	das	I de al

Diktat   Each sentence will be read twice. After the first reading, try to write all that you have heard in the spaces provided below. After the second reading, fill in what you have missed. (The dictation contains material from all of Chapter 13. You should study the **Grammatik** and the **Lesestück** before doing it.)

1. ....
....

2. ....
....

3. ....
....

4. ....
....

5. ....
....

6. ....
....

7. ....
....

8. ....
....

9. ....
....

10. ....
....

14

Dialoge (📖 p. 357)   Listen to the dialogues and repeat each sentence in the pause provided.

Fragen zu den Dialogen   You will hear a series of questions and answers about the dialogues. Listen to each conversational exchange. Then the question will be repeated and you supply the answer in the pause provided.

Neue Kombinationen (📖 p. 359)   Listen to the new combinations and repeat them in the pauses provided.

Übung zur Aussprache (📖 p. 359)   Listen to the poem and repeat it in the pauses provided.

Übung zur Betonung   Listen to each word or phrase as it is spoken. Repeat it in the pause provided, and then underline the stressed syllable or syllables in the list below.

die	Er in ne rung		die	Ab sicht
hin ein ge hen			hei ra ten	
vor kom men			ner vös	
die	Er zäh lung		bei na he	

Diktat   Each sentence will be read twice. After the first reading, try to write all that you have heard in the spaces provided below. After the second reading, fill in what you have missed. (The dictation contains material from all of Chapter 14. You should study the **Grammatik** and the **Lesestück** before doing it.)

1. ....
   ....

2. ....
   ....

3. ....
   ....

4. ....
   ....

5. ....
   ....

6. ....
   ....

7. ....
   ....

8. ....
   ....

9. ....
   ....

10. ....
    ....

15

Dialoge (📖 p. 381) Listen to the dialogues and repeat each sentence in the pause provided.

Fragen zu den Dialogen You will hear a series of questions and answers about the dialogues. Listen to each conversational exchange. Then the question will be repeated and you supply the answer in the pause provided.

Neue Kombinationen (📖 p. 383) Listen to the new combinations and repeat them in the pauses provided.

Übung zur Aussprache (📖 p. 384) Listen to the poem and repeat it in the pauses provided.

Übung zur Betonung Listen to each word or phrase as it is spoken. Repeat it in the pause provided, and then underline the stressed syllable or syllables in the list below.

ent we der	der Hu mor
auf ge ben	die Li te ra tur
a na ly sie ren	die Psy cho lo gie
die Dy nas tie	sich vor stel len

Diktat Each sentence will be read twice. After the first reading, try to write all that you have heard in the spaces provided below. After the second reading, fill in what you have missed. (The dictation contains material from all of Chapter 15. You should study the **Grammatik** and the **Lesestück** before doing it.)

1. ....
   ....

2. ....
   ....

3. ....
   ....

4. ....
   ....

5. ....
   ....

6. ....
   ....

7. ....
   ....

8. ....
   ....

9. ....
   ....

10. ....
    ....

16

Dialoge (📖 p. 409)   Listen to the dialogues and repeat each sentence in the pause provided.

Fragen zu den Dialogen   You will hear a series of questions and answers about the dialogues. Listen to each conversational exchange. Then the question will be repeated and you supply the answer in the pause provided.

Neue Kombinationen (📖 p. 411)   Listen to the new combinations and repeat them in the pauses provided.

Übung zur Aussprache (📖 p. 411)   Listen to the poem and repeat it in the pauses provided.

Übung zur Betonung   Listen to each word or phrase as it is spoken. Repeat it in the pause provided, and then underline the stressed syllable or syllables in the list below.

die	De mon stra tion		of fi zi ell
die	Ab rüs tung		ra di kal
der	Kon greß	das	Pro jekt
ar ro gant		das	Pro zent
die	Bar ri e re	die	Sta bi li tät
der	Di a lekt	die	Kri tik
kon ser va tiv		sub jek tiv	
die	Na tur	das	Vor ur teil

Diktat Each sentence will be read twice. After the first reading, try to write all that you have heard in the spaces provided below. After the second reading, fill in what you have missed. (The dictation contains material from all of Chapter 16. You should study the **Grammatik** and the **Lesestück** before doing it.)

1. ....

....

2. ....

....

3. ....

....

4. ....

....

5. ....

....

6. ....

....

7. ....

....

8. ....

....

9. ....

....

10. ....

....

17

Dialoge (📖 p. 433)   Listen to the dialogues and repeat each sentence in the pause provided.

Fragen zu den Dialogen   You will hear a series of questions and answers about the dialogues. Listen to each conversational exchange. Then the question will be repeated and you supply the answer in the pause provided.

Neue Kombinationen (📖 p. 435)   Listen to the new combinations and repeat them in the pauses provided.

Übung zur Aussprache (📖 p. 436)   Listen to the poem and repeat it in the pauses provided.

Übung zur Betonung   Listen to each word or phrase as it is spoken. Repeat it in the pause provided, and then underline the stressed syllable or syllables in the list below.

ak zep tie ren		die	Zim mer ka me ra din
per fekt		der	O ze an
das	Lo kal	die	Re li gion
die	Toi let te	vor erst	
die	Ga ra ge		

Diktat   Each sentence will be read twice. After the first reading, try to write all that you have heard in the spaces provided below. After the second reading, fill in what you have missed. (The dictation contains material from all of Chapter 17. You should study the **Grammatik** and the **Lesestück** before doing it.)

1. ....

....

2. ....

....

3. ....

....

4. ....

....

5. ....

....

6. ....

....

7. ....

....

8. ....

....

9. ....

....

10. ....

....

18

Dialoge (📖 p. 453)   Listen to the dialogues and repeat each sentence in the pause provided.

Fragen zu den Dialogen   You will hear a series of questions and answers about the dialogues. Listen to each conversational exchange. Then the question will be repeated and you supply the answer in the pause provided.

Neue Kombinationen (📖 p. 455)   Listen to the new combinations and repeat them in the pauses provided.

Übung zur Aussprache (📖 p. 455)   Listen to the poem and repeat it in the pauses provided.

Übung zur Betonung   Listen to each word or phrase as it is spoken. Repeat it in the pause provided, and then underline the stressed syllable or syllables in the list below.

aus kom men	die E man zi pa tion
ü ber ra schen	der Er folg
die E he	das Pa pier
ste re o typ	haupt säch lich
die Fe mi nis tin	

Diktat   Each sentence will be read twice. After the first reading, try to write all that you have heard in the spaces provided below. After the second reading, fill in what you have missed. (The dictation contains material from all of Chapter 18. You should study the **Grammatik** and the **Lesestück** before doing it.)

1. ....
   ....

2. ....
   ....

3. ....
   ....

4. ....
   ....

5. ....
   ....

6. ....
   ....

7. ....
   ....

8. ....
   ....

9. ....
   ....

10. ....
    ....

ANSWER KEYS

Workbook Answer Key

Chapter 1

A. 1. der 2. das 3. die 4. der 5. die
6. die 7. das 8. der 9. das 10. die

B. 1. Hier ist die Tafel. 2. Ist das das
Buch? 3. Wohnt das Kind hier?
4. Arbeitet die Lehrerin viel? 5. Der
Student ist oft in Eile.

C. 1. Sie 2. Es 3. es 4. sie 5. Er 6. Er

D. 1. Ich wohne in Deutschland. 2. Er kommt
morgen zurück. 3. Sie arbeitet viel. 4. Du
arbeitest nicht sehr viel. 5. Heute bist du in
Eile. 6. Was machen Sie morgen? 7. Ihr
fliegt nach New York. 8. Was macht er
heute abend? 9. Heute abend geht ihr zu
Horst. 10. Morgen spielen wir draußen.

E. 1. Bist; bin 2. seid; sind 3. ist; sind
4. Sind; bin; sind 5. ist; ist

F. 1. Die Frauen studieren in Wien. 2. Die
Kinder machen das oft. 3. Die Häuser sind
nicht schön. 4. Die Schüler arbeiten bis
elf. 5. Die Amerikanerinnen fliegen nach
Deutschland. 6. Die Amerikaner sagen:
,,Guten Morgen". 7. Die Gruppen sind
endlich hier. 8. Die Deutschen sind
ziemlich formell. 9. Die Herren denken das
auch. 10. Die Büros sind in Wien.

G. 1. So denken viele Amerikaner. 2. Heute
ist das Wetter schlecht. 3. Um sieben
gehen wir zu Horst. 4. Es regnet immer
viel im April. 5. Freitag fliegt Michael nach
Wien. 6. Vielleicht wohnt Herr Lehmann in
Berlin. 7. Oft arbeitet die Gruppe im
Januar. 8. Natürlich sind die Studenten
freundlich.

H. 1. Gehst du zu Karin? 2. Kommen Sie
heute? 3. Arbeitest du im Moment?
4. Fliegen Sie um elf? 5. Seid ihr in Eile?
6. Machen Sie das heute? 7. Arbeitest du
heute allein? 8. Fliegen Sie heute abend?

I. 1. Wann arbeitest du? Heute abend arbeite
ich / Ich arbeite heute abend. 2. Geht
Thomas auch zu Monika? Ja, er geht auch zu
Monika. 3. Wo spielt das Kind? Das Kind
spielt draußen. 4. Wann fliegt ihr nach
Berlin? Im September fliegen wir nach
Berlin. / Wir fliegen im September nach
Berlin. 5. Fliegen wir allein? Ja, wir fliegen
allein. 6. Was macht Thomas im Moment?
Im Moment studiert Thomas in
München. / Thomas studiert im Moment in
München. 7. Wer geht zu Karin? Wir gehen
zu Karin. 8. Warum ist Frau Kuhn in Eile?
Sie fliegt um elf.

Chapter 2

A. 1. Wie heißt du? 2. Wißt ihr, was der
Lehrer meint? 3. Fährst du heute nach
München? 4. Sprechen Sie Deutsch?
5. Hast du viel Geld? 6. Kennen Sie
München? 7. Weißt du, wo ich wohne?
8. Sehen Sie im Moment eine Alternative?
9. Was lest ihr? 10. Liest du immer die
Zeitung?

B. 1. die Straße 2. das Auto 3. die Party
4. den Lehrer 5. den Mann 6. die
Jungen 7. die Zeitungen 8. die
Studenten 9. die Büros 10. die Zimmer

C. 1. Kennt; kennen 2. kennen; wißt; wissen
3. Weißt; Kennt; weiß; kenne; weißt

D. 1. Nein, ich sehe sie ziemlich selten.
2. Nein, wir machen am Freitag eine kleine
Party. 3. Nein, sie sind immer schlecht.
4. Nein, es ist vielleicht zu groß. 5. Nein,
er ist zu jung. 6. Nein, es gibt immer
zu viele Leute. 7. Nein, ich finde sie
schön.

E. 1. Wer meint das auch? 2. Wer studiert nächstes Semester in München? 3. Wen kennt sie / deine Kusine? 4. Was brauchst du / brauchen Sie im Moment? 5. Wen fragt er? 6. Wo arbeitet er?

F. 1. deine 2. unsere 3. Ihr 4. sein 5. eure 6. seine 7. Unser 8. deinen 9. euer 10. ihren

G. 1. Herr Müller fährt sein Auto nach Hause. 2. Sehen wir unsere Eltern in Wien? 3. Liest du gerade dein Buch? 4. Ihr sucht eure Kinder. 5. Wann machen Sie Ihre Arbeit? 6. Manchmal fragt Anna ihr Kind. 7. Oft grüßen wir unsere Freunde in der Mensa. 8. Jan und Katrin kennen ihre Kusinen sehr gut. 9. Meine Freunde besuchen oft ihren Bruder. 10. Ich lese meine Zeitung immer im Büro.

H. 1. zwanzig 2. fünfzehn 3. neun 4. sechzehn 5. achtzehn 6. vierzehn 7. zwanzig 8. zwölf 9. dreizehn 10. zehn 11. elf

I. 1. Ach, bitte sehr! 2. Sehr gut. Da bin ich zu Hause. 3. Ich kenne nur deine Schwester. 4. Wieso nur zwei? 5. Das ist aber gut.

J. R: Guten Tag! / Grüß Gott!
   S: Guten Tag! Ich suche ein Zimmer.
   R: Studieren Sie jetzt hier?
   S: Nein, im Moment wohne ich immer noch in Salzburg, aber im September bin ich hier.
   R: Haben Sie ein Auto?
   S: Nein, aber ich kaufe bald ein Auto.
   R: Dann habe ich ein Zimmer für Sie. Es ist klein aber schön, und die Leute sind nett.
   S: Gut. Vielen Dank!

K. Answers will vary.

Chapter 3

A. 1. lauft; gehe 2. fliegt; arbeitet 3. studiert; fährt 4. tragen; trägt 5. Hältst; fährst 6. schreibe; liest 7. halte; laufen 8. tut; will

B. 1. Das weiß Gisela nicht. 2. Klaus arbeitet heute nicht. 3. Die Stadt kennt er nicht. 4. Der Lehrer liest seine Zeitung nicht. 5. Heute besprechen wir die Reise nicht. 6. Die Schüler fliegen nicht nach Nordamerika. 7. Carola studiert nicht in Frankfurt. 8. Das können sie nicht tun.

9. Wir wollen das Schulsystem nicht besprechen. 10. Anna darf die Reise nicht machen. 11. Seine Eltern sind nicht streng. 12. Maria ist nicht seine Freundin. 13. Eigentlich ist das nicht mein Geld. 14. Das sind nicht meine Schuhe.

C. 1. Nein, ich habe keinen Bruder. 2. Nein, er hat keine Angst. 3. Nein, er kann kein Englisch. 4. Nein, Schmidts haben keine Kinder. 5. Nein, die Studentin sucht kein Zimmer. 6. Nein, ich möchte keine Reise machen.

D. 1. Nein, meine Probleme sind nicht langweilig. 2. Nein, ich habe kein Geld. 3. Nein, ich koche die Suppe heute nicht. 4. Nein, ich wohne nicht in Freiburg. 5. Nein, ich bin nicht der Lehrer. 6. Nein, ich brauche kein Auto.

E. 1. will 2. kann 3. Dürft 4. möchten 5. Wollt 6. kann 7. soll 8. Darf 9. möchte

F. 1. Willst; Ich will nicht, aber ich muß. 2. Wollt; Wir wollen nicht, aber wir müssen. 3. Will; Sie will nicht, aber sie muß. 4. wollen; Sie wollen nicht, aber sie müssen. 5. Willst; Ich will nicht, aber ich muß. 6. Wollen; Ich will nicht, aber ich muß / Wir wollen nicht, aber wir müssen. 7. Wollt; Wir wollen nicht, aber wir müssen.

G. 1. die Haustür, -en house door 2. das Stadtkind, -er city child 3. das Kinderbuch, -̈er children's book 4. die Hausfrau, -en housewife 5. die Bergstraße, -n mountain road 6. der Familienname, -en, family name, surname 7. das Tagebuch, -̈er diary

H. 1. Ihr könnt Deutsch lernen, aber ihr müßt viel sprechen. 2. Darfst du bis elf bleiben? 3. Die Schüler sollen bald eine Amerikareise machen. 4. Ich möchte das tun, aber ich darf es nicht. 5. Muß er unbedingt eine Brille tragen?

I. A: Entschuldigung, Herr Hartmann.
   T: Guten Tag, Andrea.
   A: Guten Tag. Darf ich Sie etwas fragen?
   T: Ja. Was möchten Sie wissen?
   A: Muß ich die Hausaufgaben machen?
   T: Sie wollen doch Englisch lernen, oder?
   A: Ja, natürlich. Aber ich muß heute abend arbeiten.
   T: Müssen Sie Geld verdienen?
   A: Ja, ich will im August nach Amerika.
   T: Ich möchte auch nach Amerika! Aber Sie müssen bis Freitag die Hausaufgaben machen.

A. 1. Fahr zu Schmidts! 2. Gehen wir nach Hause! 3. Bitte, sei freundlich! 4. Tragt bitte eure Mützen! 5. Seien Sie bitte nicht pessimistisch! 6. Bleiben Sie noch eine Stunde! 7. Lesen wir den Zeitungsartikel von heute!

B. 1. Nein, ich muß am Wochenende nicht zu Hause bleiben. 2. Nein, unsere Freunde haben noch keine Urlaubspläne. 3. Nein, ich gehe im Sommer nicht schwimmen. 4. Nein, Sie dürfen hier das Telefon nicht benutzen. 5. Nein, Müllers müssen noch nicht nach Hause gehen. 6. Nein, ich habe deinen Freund Georg nicht gern.

C. 1. Doch, ich kann noch Englisch. 2. Nein, ich laufe nicht mehr jeden Tag mit Rolf. 3. Nein, ich suche keine Wohnung mehr. 4. Doch, meine Schwester wohnt noch zu Hause. 5. Nein, sie studiert noch nicht in München. 6. Ja, ich bin noch fit.

D. 1. gegen meinen Freund 2. durch die Berge 3. ohne unsere Hausaufgaben 4. für das Kind 5. ohne dich / Sie 6. um die Schule 7. für euch 8. gegen den Amerikaner / die Amerikanerin 9. ohne sie

E. 1. Sicher höre ich gern Musik.
2. Selbstverständlich mag ich viel Schnee.
3. Ja, leider muß ich heute abend zu Hause bleiben. 4. Hoffentlich regnet es morgen.
5. Sicher haben die Kinder genug Energie.
6. Gott sei Dank können wir unsere Arbeit zusammen machen.

F. 1. Gehst du morgen nachmittag ins Reisebüro? 2. Meine Tante will auch im Sommer mal schwimmen gehen. 3. Ich kann die Kontraste in Europa nicht beschreiben. 4. Onkel Max trinkt nicht gern Bier. 5. Hoffentlich verdienst du schon genug Geld.

G. 1. Im Herbst ist das Wetter besonders neblig. 2. Endlich möchten sie Urlaubspläne zusammen machen. 3. Ohne Auto ist eine Europareise für mich kein Vergnügen. 4. Die Alternativen kann man am Telefon schlecht beschreiben.
5. Morgen nachmittag gehen meine Geschwister sicher auch schwimmen.

H. Answers will vary.

I. Answers will vary.

Chapter 5

A. 1. Ja, ich muß bald anfangen. 2. Ja, ich muß den Laden bald zumachen. 3. Ja, ich muß bald spazierengehen. 4. Ja, ich muß den Chef bald kennenlernen. 5. Ja, ich muß bald aufmachen. 6. Ja, ich muß bald mit dem Pendeln aufhören. 7. Ja, ich muß bald vorbeikommen.

B. 1. meinem Vater; Heute kaufe ich ihm eine Krawatte. 2. seinen Eltern; Heute zeigt Hans ihnen sein Moped. 3. meinem Mann; Bitte beschreiben Sie ihm das Haus.
4. deinem Kollegen; Macht ihm die Arbeit Spaß? 5. deiner Kusine; Gehört ihr diese Boutique? 6. der Schülerin; Gefällt es ihr hier in Nordamerika?

C. 1. Nein, Ihr Plan gefällt mir nicht. 2. Nein, ich helfe ihr nicht bei der Arbeit. 3. Nein, es ist mir im Winter nicht zu kalt. 4. Nein, das Pendeln macht mir keinen Spaß.
5. Nein, er kann ihnen nicht helfen.
6. Nein, ich kann dir nichts sagen. 7. Nein, sie kann uns kein Geld geben. 8. Nein, die Uhr gehört mir nicht.

D. 1. Nein, es ist mir nicht kalt. 2. Ja, uns ist achtzehn Uhr zu früh. 3. Ja, es scheint mir vernünftig. 4. Doch, es geht ihr besser.
5. Ja, natürlich ist es uns warm genug.
6. Sicher ist es meinen Freunden egal.
7. Natürlich macht sie ihnen Spaß. 8. Ja, mir ist es endlich klar. 9. Doch, es tut ihr leid. 10. Ja, uns ist diese Arbeit langweilig.

E. 1. ihrer 2. dir 3. mir 4. meine
5. ihnen 6. Wen 7. Ihnen 8. Wem
9. ihn 10. ihr.

F. 1. dem Herrn 2. dem Studenten 3. dem Jungen 4. dem Kollegen 5. dem Kunden

G. 1. Zeigen Sie bitte den Herren den Brief.
2. Diese Bücher gehören den Studenten dort. 3. Oft hilft der Onkel den Jungen.
4. Die Lehrer wollen den Kollegen Bücher kaufen. 5. Diese Mode gefällt den Kunden noch nicht.

H. 1. Nein, die Studenten kommen spät nach Hause. 2. Nein, Hamburg liegt im Norden. 3. Nein, Hans macht den Laden auf. 4. Nein, jetzt hört der Unsinn auf.
5. Nein, diese Häuser sind ja neu!
6. Nein, der Chef möchte nichts sagen.
7. Nein, das Kind ist klein! 8. Nein, wir essen wenig. 9. Nein, er sieht eigentlich alt aus.

I. 1. Wohin muß ich heute fahren? 2. Wo haben sie ihre Ausweise gefunden?
3. Wohin ist Herr Ziegler geflogen? 4. Wo spielen eure / Ihre Kinder oft? 5. Wohin kann ich meine Tasche legen?

J. 1. Kaufst du sein Moped? 2. Welches Dorf ist sehr hübsch? 3. Jeder Arbeiter ist in der

Gewerkschaft. 4. Auch am Wochenende muß ein Journalist arbeiten. 5. Deine / Ihre Brille ist zu stark. 6. Ihr Unsinn muß aufhören. 7. Sie brauchen dieses Essen. 8. Wie findest du mein Hemd?

K. 1. Warum sprecht ihr soviel von diesen Menschen? 2. Heute können wir noch nicht anfangen. 3. Am Sonntag geht er mit seiner Familie spazieren. 4. Hören Sie bitte sofort auf! 5. Nach dem Mittagessen kommen wir gern vorbei. 6. In der Fabrik lerne ich niemanden außer den Mitarbeitern kennen. 7. Wohin fährt er so schnell mit dem Wagen? 8. Ich will doch Schreiner werden.

L. Answers will vary.

Chapter 6

A. 1. haben … gekauft 2. ist … gelaufen 3. hat … geheißen 4. hat … gekostet 5. Hast … geschrieben 6. haben … besessen 7. Bist … geblieben 8. Habt … angefangen 9. bin … angekommen 10. Hat … gefallen

B. 1. Hier in den USA ist es heiß geworden, in Deutschland ist es aber kühl geblieben. 2. Wir haben ein Bier getrunken und (haben) über das Wetter gesprochen. 3. Ich bin nach Frankfurt geflogen, und dann bin ich mit dem Auto nach Wien gefahren. 4. Um sieben sind die Brüder aufgestanden und (sind) spazierengegangen. 5. Hast du den Mann gesehen? Er hat mit dem Chef gesprochen. 6. Das Kleid hat ziemlich viel gekostet. Also hat sie es nicht gekauft. 7. Das hat dir gefallen, oder? 8. Er hat uns das Hotel beschrieben, und wir haben es bald gefunden.

C. 1. Man gibt mir einen Studentenausweis. 2. Ich bringe dir einen Stadtplan aus Freiburg mit. 3. Ich zeige ihnen das Vorlesungsverzeichnis. 4. Sie kaufen ihr einen Schreibtisch für ihr Zimmer. 5. Er gibt uns ein Buch.

D. 1. Man gibt ihn mir. 2. Ich bringe ihn dir mit. 3. Ich zeige es ihnen. 4. Sie kaufen ihn ihr. 5. Er gibt es uns.

E. 1. Wir fahren morgen wieder mit dem Wagen in die Stadt. 2. Herr Becker macht Ende Februar hier im Dorf ein Geschäft auf. 3. Ich fliege am Montag nach Basel. 4. Sabrina muß heute in diesem Laden etwas einkaufen. 5. Er wohnt seit März mit seinen Freunden im Studentenheim.

F. 1. am 2. am / neben dem 3. auf dem 4. am 5. auf dem 6. an der / vor der 7. neben der 8. auf dem 9. in die 10. in der

G. 1. an die Tür 2. auf den Tisch 3. an der Universität Heidelberg 4. auf meine Freundin 5. am Telefon 6. in den Ferien; in die Alpen 7. ans Fenster 8. Neben der Mensa 9. Hinter dem Haus 10. in der Stadt 11. am Schreibtisch 12. unter deiner Tasche 13. über die Ostsee 14. vor der Fabrik; auf uns 15. auf dem Stadtplan

H. 1. in die Schweiz 2. ans Fenster 3. ins Geschäft / in den Laden 4. an der Universität Heidelberg 5. auf den Schreibtisch 6. an die Tür 7. im Geschäft / im Laden 8. im Dorf 9. am Fenster 10. im Hotel

I. 1. Did you go / drive / travel alone? 2. During the winter semester I have to take two courses. 3. He finds driving fun. 4. Hans says he doesn't enjoy commuting. 5. I've been at the University of Berlin for three months.

J. 1. Bring deine Turnschuhe auf die Reise mit! 2. Fahr langsam durch die Berge! 3. Besuch meine Kusine in der Schweiz! 4. Geh durch die Alpendörfer spazieren! 5. Gib nicht zu viel Geld in den Ferien aus! 6. Geh abends nicht allein in die Stadt!

Chapter 7

A. 1. Der Koffer gehört nicht Karl, sondern er gehört seinem Freund. 2. Machst du die Reise allein, oder nimmst du Freunde mit? 3. Meine Schwester studiert an der Uni, und sie sucht dort ein Zimmer. 4. Sie besucht gern ihre Familie in Bern, aber sie hat wenig Zeit. 5. Ich fahre sofort zum Flughafen, denn meine Kusinen sollen bald ankommen. 6. Sie besitzen kein Auto, sondern sie fahren immer mit dem Fahrrad.

B.
schreiben	schreibt	hat geschrieben
bringen	bringt	hat gebracht
werden	wird	ist geworden
abfahren	fährt ab	ist abgefahren
bleiben	bleibt	ist geblieben
hängen	hängt	hat gehängt
wissen	weiß	hat gewußt
beginnen	beginnt	hat begonnen
sein	ist	ist gewesen
kennen	kennt	hat gekannt
fahren	fährt	ist gefahren
vergessen	vergißt	hat vergessen
dekorieren	dekoriert	hat dekoriert
gefallen	gefällt	hat gefallen
denken	denkt	hat gedacht

C. 1. Wir haben eigentlich nach Italien reisen wollen. 2. Meine Frau hat immer an den

Urlaub gedacht. 3. Ich habe noch kein Italienisch gekonnt, aber meine Frau hat mir geholfen. 4. Hast du mir ein Buch über Italien aus der Bibliothek mitgebracht? 5. Ich habe wirklich viel lesen müssen. 6. Wir haben nicht viel über das Land gewußt. 7. Sie hat uns eine Landkarte kaufen müssen, denn wir haben Italien nicht gut gekannt. 8. Haben euch die Namen der Städte gefallen?

D. 1. des Wetters 2. des Studiums 3. unserer Wanderlust 4. eines Koffers 5. seiner Hausaufgaben 6. der Ferien 7. des Regens 8. eines Hotels

E. 1. der Freund meines Bruders 2. die Städte Europas 3. die Namen seiner Brüder 4. Katrins Studentenausweis 5. eine Freundin von dir 6. Herrn Brinkmanns Onkel 7. Ende des Monats 8. die Schwester meiner Mutter

F. 1. Wir haben sie unter den Tisch gelegt. 2. Er hat auf der Straße gestanden. 3. Es hat zwischen den Fenstern gehangen. 4. Sie haben unter den Büchern gelegen. 5. Er hat sie neben das Fenster gestellt. 6. Sie haben auf dem Boden gesessen. 7. Ich habe sie über den Schreibtisch gehängt.

G. 1. Die Party bei Müllers beginnt um acht Uhr. 2. Es ist zwanzig nach sieben. 3. Nein, es ist schon eins. 4. Der Zug fährt um 14.22 Uhr ab. 5. Mein Bruder ist um halb zwei angekommen.

H. (Answers may vary.) 1. Sie sind um halb acht aufgestanden. 2. Sie sind in die Stadt gefahren und haben eingekauft. 3. Um halb elf haben sie Theaterkarten gekauft. 4. Sie haben eine Stunde für Mittagessen gehabt. 5. Sie sind spazierengegangen. 6. Sie haben Tante Marie besuchen können. 7. Das Konzert hat um 20 Uhr angefangen.

I. Answers will vary.

Chapter 8

A. 1. ob 2. Wenn 3. daß 4. Wenn 5. daß 6. ob 7. Da 8. daß

B. 1. Wir müssen heute zum Metzger gehen, denn wir brauchen zehn Paar Bratwürste und ein Kilo Sauerkraut für Samstag abend. 2. Hast du den Fisch für heute mittag schon bestellt, oder soll ich zwei Hühnchen kaufen? 3. Ich esse heute nur Joghurt und Tee, weil ich erst morgen einkaufe. 4. Hat Herr Brinkmann den Ober schon gefragt, ob wir schon zahlen können? 5. Wartet doch auf mich, wenn ihr zum Schnellimbiß geht.

C. 1. ... , ob sie schon am Freitag abend kommen. 2. ... , daß sie ein Taxi vom Bahnhof nehmen können. 3. ... , daß sie gern am Samstag mit uns ins Konzert gehen. 4. ... , ob sie auch meine Großmutter mitbringen. 5. ... , warum sie nicht mit dem Wagen fahren.

D. 1. ... , ob der Zug schon abgefahren ist? 2. ... , daß wir noch nicht bestellt haben. 3. ... , wieviel Geld wir für die Reise gebraucht haben. 4. ... , wo wir ausgestiegen sind. 5. ... , was im Kino gespielt hat.

E. 1. zu finden 2. einzuladen 3. um mit dem Professor zu sprechen 4. ohne etwas zu kaufen 5. zu rauchen 6. um den Laden aufzumachen 7. einzukaufen 8. ohne jedes Wort zu übersetzen

F. 1. ... , jeden Tag zur Uni zu laufen. 2. ... , meine Hausaufgaben zu machen. 3. ... , über die Familie in Amerika zu sprechen. 4. ... , dieses Semester einen Englischkurs zu belegen. 5. ... , mit dir zu arbeiten.

G. Karl: Wo möchtest du sitzen?
Kirsten: Ich sitze gern am Fenster. Siehst du den Ober?
Karl: Ja. Herr Ober!
Kellner: Guten Tag! Möchten Sie die Speisekarte sehen?
Kirstin: Können Sie uns sagen, welche Suppe es heute gibt?
Kellner: Heute gibt es Zwiebelsuppe.
Karl: Gut. Bitte bringen Sie uns zwei Suppen.
Kirsten: Weißt du schon, was du essen willst?
Karl: Sicher! Ich nehme Hühnchen und Salat, bitte.
Kellner: Jawohl. Zwei Suppen und einmal Hühnchen mit Salat.
Kirstin: Das ist sicher lecker! Ich möchte auch Hühnchen bestellen.
Kellner: Bitte schön! Und etwas zu trinken?
Karl: Ein Glas Bier, bitte.
Kirstin: Und nach dem Essen eine Tasse Kaffee, bitte.

H. Answers will vary.

Chapter 9

A.
sitzen	sitzt	saß
arbeiten	arbeitet	arbeitete
müssen	muß	mußte
einladen	lädt ein	lud ein
wissen	weiß	wußte
können	kann	konnte

sehen	sieht	sah
schreiben	schreibt	schrieb
geben	gibt	gab
übersetzen	übersetzt	übersetzte
dürfen	darf	durfte
sprechen	spricht	sprach
nehmen	nimmt	nahm
gehören	gehört	gehörte
wollen	will	wollte

B. 1. besuchten 2. regnete 3. mußte
4. konnten 5. brachte ... mit 6. wollte;
kannten 7. wußten; sollten

C. 1. hatte 2. Warst 3. wurde 4. hatten
5. wurden 6. war

D. 1. ... , hatte der Regen schon angefangen.
2. Nachdem wir gestern viel herumgefahren
waren, ... 3. Die Kellnerin hatte die Torte
empfohlen, ... 4. Da Jan und Rolf ihre
Fahrräder vergessen hatten, ... 5. Er hatte
noch nicht im Antiquitätengeschäft
gearbeitet, ...

E. 1. Das Ferienhaus am See gehört uns seit
fünf Jahren. 2. Fahren Sie bitte zum
Rathaus! 3. Ich wurde müde, während ich
das Referat schrieb. 4. Richard hat uns vor
zwei Tagen Karten fürs Konzert geschenkt.
5. Nachdem Eva zwanzig Minuten
geschwommen war, fuhr sie noch eine
Stunde Rad. 6. Wußten Sie nicht, daß Herr
Lehmann der Chef unserer Firma geworden
ist?

F. 1. war; ging 2. nahm ... mit 3. trafen
4. luden ... ein 5. sprachen 6. fand
7. war; saßen 8. blieben

G. 1. Warten wir ein Jahr. 2. Ich habe sie vor
zwei Jahren kennengelernt. 3. Es regnet
(schon) seit zwei Wochen. 4. Der Zug
wartet schon (seit) fünf Minuten. 5. Max
wartete fünf Minuten auf mich. 6. Wir sind
eine Stunde gelaufen. 7. Wir laufen schon
eine Stunde / Wir laufen seit einer Stunde.
8. Ich wohne seit fünf Jahren hier / Ich
wohne schon fünf Jahre hier. 9. Ich habe
fünf Jahre dort gewohnt. 10. Wie lange
wohnst du schon hier? 11. Wie lange haben
Sie in Bargfeld gewohnt, Herr Schmidt?
12. Vor zwei Jahren haben wir dort
übernachtet.

Chapter 10

A. 1. Jeder olympische Athlet muß viel
trainieren. 2. Kaufst du deine schönen
Kleider in einem großen Geschäft oder in
einer exklusiven Boutique ein? 3. Seine
guten Kunden kaufen ihre Lebensmittel nie

in den anderen Geschäften. 4. Welche
kleinen Dörfer liegen zwischen der alten
Stadt und dem schönen großen See?
5. Meinen letzten Urlaub habe ich in
einem hübschen Wochenendhaus
verbracht.

B. 1. kaltes 2. gutes 3. aktiven 4. steilen
5. warme 6. schönen 7. exklusiven
8. neuen 9. deutscher 10. langen;
warmen

C. 1. alle jungen 2. Alle meine guten
3. manche gesunden; keine wirklichen
4. einem ungesunden

D. 1. Bekannten 2. Alte 3. Schönes
4. Positives 5. Deutscher 6. Kleinen

E. 1. Es ist in dem grauen. 2. Das leichte
gefällt mir. 3. Im Sommer lese ich die
neuen. 4. Er hat die billige genommen.
5. Er zeigt den amerikanischen. 6. Die
deutsche hat gewonnen.

F.
1. der Klub	die Klubs
2. die Torte	die Torten
3. die Schiläuferin	die Schiläuferinnen
4. die Sache	die Sachen
5. der Monat	die Monate
6. der Grund	die Gründe
7. das Café	die Cafés
8. der Polizist	die Polizisten
9. die Speisekarte	die Speisekarten
10. der Name	die Namen
11. der Wagen	die Wagen
12. das Ding	die Dinge
13. die Seite	die Seiten
14. der Film	die Filme
15. die Stunde	die Stunden

G. 1. Wie spät ist es / Wieviel Uhr ist es?
2. Wann arbeitest du / arbeiten Sie?
3. Wo ist Herr Ziegler? 4. Wem gefiel der
Film nicht? 5. Wen fragen Sie? 6. Bei
wem gibt's heute abend eine Party?
7. Wann fliegen Sie / fliegt ihr? 8. Den
wievielten haben wir heute? / Der wievielte
ist heute? 9. Wieviel wiegt dieses Stück
Fleisch? 10. Kennst du schon meine
Schwester?

H. 1. erstes 2. sechsundzwanzigsten
3. zweiten 4. vierte; neunundzwanzigsten
5. einunddreißigsten 6. dritten
7. hundertfünfzigste

I. 1. Heute nachmittag gibt es ein großes Fest
in der Altstadt. 2. Seid ihr wirklich vor
einer Woche in den Alpen schigelaufen?
3. Udo hatte schon immer vor, ein
berühmter Boxer zu werden. 4. Wie konnte
das passieren? 5. Christl hat an den
öffentlichen Tennisspielen teilgenommen,
weil sie eine begeisterte Amateurin ist.

Chapter 11

A. 1. gute deutsche   2. neue
   3. verrückte   4. Schönes   5. Deutscher
   6. berühmte; kranken   7. lustige
   8. Grünen   9. warme

B. 1. Ich habe Interesse für alte europäische
   Traditionen.   2. An kalten Nachmittagen
   trage ich einen Pulli.   3. Meine Eltern
   schwimmen nicht gern im kalten Wasser.
   4. Bei heißem Wetter müssen wir jede
   Stunde etwas trinken.   5. Es ist nicht
   gesund, kaltes Bier so schnell zu trinken.

C. 1. einen sympathischen Freund / eine
   sympathische Freundin   2. eine herrliche
   Reise   3. eine höfliche Österreicherin
   4. ein positives Resultat   5. Bei einer
   öffentlichen Diskussion   6. einen
   praktischen Menschen

D. 1. keine   2. Ihre   3. deins / deines
   4. keinen   5. einem   6. einer

E. 1. Ich weiß nicht, wann die deutschen
   Regisseure dieses Manifest geschrieben
   haben.   2. Wir waren in Berlin, als wir
   diesen berühmten Schauspieler trafen.
   3. Ich sehe abends fern, wenn es gute alte
   Filme gibt.   4. Was siehst du gern, wenn du
   abends fernsiehst?   5. Es gab nur
   Stummfilme, als unsere Großeltern jung
   waren.

F. 1. Heute nachmittag hat man alte
   Propagandafilme an der Uni gezeigt.
   2. Gretchen lief schnell in die Bibliothek, um
   einige wichtige Bücher zu suchen.   3. Diese
   Erfahrung macht Frau Kohl heute zum ersten
   Mal.   4. Unsere deutschen Kollegen haben
   im Hotel geschlafen.   5. Als das
   internationale Spiel begann, machten alle
   Läden zu.   6. Die hohen Preise in den
   exklusiven Münchner Geschäften
   schockierten die amerikanischen Touristen.

G. Answers will vary.

H. 1. Few people nowadays believe in old
   traditions.   2. When the actor plays an
   outsider, he becomes a likeable figure.
   3. Have you ever spoken with an emotional
   prima donna?   4. I was once a student,
   too.   5. Kitschy novels don't interest me.

Chapter 12

A. 1. mir   2. dir   3. sich   4. sich   5. uns
   6. dich   7. euch   8. mich   9. sich
   10. mich

B. 1. hat sich … interessiert   2. setzen Sie
   sich   3. Freust du dich   4. Beeil dich
   5. mich vorstellen   6. trafen sich   7. Hast
   du dich … erholt?

C. 1. Nur beim Wandern ziehe ich sie mir an.
   2. Ich frage Karl, ob er es mir geben kann.
   3. Ich muß sie mir täglich waschen.
   4. Heute morgen haben wir sie uns
   angesehen.   5. Johanna hat sie sich
   angesehen.   6. Bringst du ihn mir mit?

D. 1. Solche verrückten Schuhe möchte Hans
   sich nicht kaufen.   2. Laßt mich bitte nicht
   zu lange warten.   3. Sie können sich so
   etwas Widerliches gar nicht vorstellen.
   4. Ich verletzte mir gestern das Auge.
   5. Oft läßt sich Herr Ziegler das Frühstück
   aufs Zimmer bringen.   6. Kann er sich nicht
   mal selber ein Ei kochen?   7. Ihr könnt euch
   schon sehr gut ausdrücken.   8. Morgens
   treffen wir uns am Bahnhof.

E. 1. Nein, die Kinder ziehen sich selbst an.
   2. Nein, er kocht sich selbst das
   Mittagessen.   3. Nein, sie hat sich selbst
   den Finger gebrochen.   4. Nein, sie hat sich
   selbst die Kleider gewaschen.   5. Nein, ich
   kaufe mir selbst Lebensmittel.

F. 1. Unser Lehrer hat sich nicht wohl
   gefühlt.   2. Die Kinder wuschen sich die
   Hände.   3. Dieser große Zahn tat mir weh.
   4. Stefan hat die Diskussion immer
   unterbrochen.   5. Zog er sich schon an?
   6. Damals ist die Inflation schlimm
   geworden.   7. Wir trafen uns immer
   während der Kaffeepause.   8. Der Direktor
   hatte sich im voraus entschuldigt.

G. 1. liegen   2. sitzen   3. Liegt   4. stellen
   5. setzen…sich   6. Setzt   7. legen
   8. Steht

H. 1. Go ahead and leave the children alone for
   an hour.   2. Under these circumstances my
   mother had the doctor come.   3. They're
   having an artist make the poster.   4. The
   question is only whether they will let us work
   alone.   5. Did you have Frau Meyer pay for
   the coffee?

I. 1. A: Weißt du, ob Stefan sich heute besser
      fühlt?
      T: Nein, ich glaube nicht. Er ließ gestern
         den Arzt kommen.
   2. T: Bitte setz dich, Mutti.
      M: Danke, ich setze mich hier neben das
         Fenster.
   3. F: Hans, hast du heute morgen keine
         Zeit, dich zu rasieren?
      M: Nein, ich muß mich beeilen, denn
         mein Kollege und ich treffen uns
         um viertel vor acht.
   4. J: Trinken wir eine Tasse Kaffee
         zusammen!
      U: Gern, wenn du mich diesmal zahlen
         läßt.

Chapter 13

A.
1. ein längerer Tag — der längste Tag
2. ein billigeres Hemd — das billigste Hemd
3. die nähere Grenze — die nächste Grenze
4. die repressivere Regierung — die repressivste Regierung
5. mehr Geld — das meiste Geld
6. dunklere Strümpfe — die dunkelsten Strümpfe
7. mein höheres Ziel — mein höchstes Ziel
8. die schönere Jahreszeit — die schönste Jahreszeit
9. die kürzeren Nachmittage — die kürzesten Nachmittage
10. ein älterer Stadtteil — der älteste Stadtteil

B. 1. für 2. auf 3. am 4. um 5. auf 6. an 7. an 8. an

C. 1. Ich erinnere mich an die lange Arbeitslosigkeit. 2. Er interessiert sich für die Geschichte der Partei. 3. Wir warten auf den letzten Zug. 4. Er hält uns für ausländische Touristen. 5. Irene und Thomas müssen sich in den USA an das amerikanische Essen gewöhnen. 6. Die Politiker heutzutage glauben an die Demokratie.

D. 1. Ich muß mich an verschiedene Länder gewöhnen. Ich muß mich daran gewöhnen. 2. Wie bereiten sich die Schüler auf das Abitur vor? Wie bereiten sich die Schüler darauf vor? 3. Meinst du, ich kann die Frau dort um eine Zigarette bitten? Meinst du, ich kann die Frau dort darum bitten? 4. Dieser Roman erinnert meine Mutter an ihrer Jugend. Dieser Roman erinnert meine Mutter daran. 5. Ich weiß nicht, ob er sich für politische Diskussionen interessiert. Ich weiß nicht, ob er sich dafür interessiert.

E. 1. meine 2. hält ... für 3. denkt ... an 4. denkt 5. hältst ... von

F. 1. Womit muß ich die Sachen transportieren? 2. An wen haben Sie sich erinnert? 3. Womit habt ihr angefangen? 4. Worüber sprechen die Studenten? 5. Mit wem sind Rolfs Eltern ausgewandert?

G. 1. Sie müssen die Sachen damit transportieren. 2. Ich habe mich an sie erinnert. 3. Wir haben damit angefangen. 4. Die Studenten sprechen darüber. 5. Rolfs Eltern sind mit ihnen ausgewandert.

H. 1. Nein, ich lese den kürzeren Artikel. 2. Nein, man bezahlt immer mehr für Lebensmittel. 3. Nein, die Meere der Welt werden immer wärmer. 4. Nein, das ist meine jüngere Schwester. 5. Nein, sie sucht eine größere Wohnung. 6. Nein, die Opposition wird immer schwächer.

I. Answers will vary.

Chapter 14

A. 1. der 2. die 3. dem 4. dessen 5. denen 6. die 7. deren 8. der 9. das 10. der

B. 1. Ist das die Dame, an die ich mich erinnere? 2. Kennt ihr den Politiker, von dem alle reden? 3. Hat er alle Werke des Schriftstellers, für den er sich interessiert? 4. Kennst du die Primadonna, mit deren Lehrerin meine Schwester Musik studiert? 5. Endlich habe ich ihren neuen Roman gelesen, auf den ich lange gewartet habe.

C. 1. ... , was einen Weltkrieg näher bringt. 2. Wer etwas zu verzollen hat, ... 3. ... , was die Europäer nervös macht? 4. ... , was ich für positiv halte. 5. Wer noch nichts gegessen hat, ... 6. Alles, was die Studenten repressiv finden, ...

D. 1. Das; Das 2. den; Den; die 3. denen; die; denen 4. den; den; dem

E. 1. In welchem Semester wirst du Chemie belegen? 2. Wir werden uns beeilen, den Anfang des Stückes noch zu sehen. 3. Erich wird seine Eltern nie mehr um Geld bitten. 4. In manchen Ländern wird der Staat die mittelalterlichen Gebäude nicht mehr renovieren können. 5. Ihr werdet euch an die hohen Preise im Supermarkt gewöhnen müssen. 6. Er wird niemals Beamter werden wollen. 7. Werden wir unser Geld an der Grenze wechseln können?

F. 1. zu 2. zur 3. zu 4. nach 5. nach 6. zu 7. zum 8. beim 9. zum 10. bei

G. 1. Sie werden wohl im Museum sein. 2. Er wird wohl bald abfahren. 3. Er wird sich wohl etwas ansehen wollen. 4. Er wird wohl die Reisepässe sehen wollen. 5. Es wird wohl sehr schön sein.

H. 1. Ist das das Buch, das Anna Seghers schrieb? 2. Was ist aus dem Mann geworden, der das Lied geschrieben hat? 3. Plakate, die die Regierung kritisieren, gefallen den Politikern nicht. 4. Menschen, deren Kinder noch jung sind, interessieren sich für diese Frage. 5. Was ist das für eine Prüfung, auf die du dich / man sich nicht vorbereiten kannst / kann? 6. Wie war das Konzert, das du Montag abend gehört hast?

I. (Answers may vary.) 1. Eine Kaffeepause ist eine Pause, in der man Kaffee trinkt. 2. Ein Weinglas ist ein Glas, aus dem man Wein trinkt. 3. Eine Schreibmaschine ist eine Maschine, mit der man schreibt. 4. Eine Straßenbahn ist eine Bahn, die auf den Straßen fährt. 5. Ein Liedermacher ist ein Mensch, der Lieder macht. 6. Die Leberwurst ist eine Wurst, die aus Leber gemacht wird. 7. Der Geburtsort ist der Ort, in dem man geboren ist.

Chapter 15

A.

sie liest	sie las	sie hat gelesen	sie läse
du hast	du hattest	du hast gehabt	du hättest
wir dürfen	wir durften	wir haben gedurft	wir dürften
er ist	er war	er ist gewesen	er wäre
ich fahre	ich fuhr	ich bin gefahren	ich führe
er läuft	er lief	er ist gelaufen	er liefe
sie liegen	sie lagen	sie haben gelegen	sie lägen
sie steigt aus	sie stieg aus	sie ist ausgestiegen	sie stiege aus
ich gehe	ich ging	ich bin gegangen	ich ginge
wir wollen	wir wollten	wir haben gewollt	wir wollten
ihr werdet	ihr wurdet	ihr seid geworden	ihr würdet
er tut	er tat	er hat getan	er täte
sie weiß	sie wußte	sie hat gewußt	sie wüßte
er sieht	er sah	er hat gesehen	er sähe
wir arbeiten	wir arbeiteten	wir haben gearbeitet	wir arbeiteten
ich esse	ich aß	ich habe gegessen	ich äße
sie halten	sie hielten	sie haben gehalten	sie hielten

B. 1. Wenn du nur nicht immer so ernst wärest! 2. Ich wünschte, ich könnte mich daran erinnern. 3. Ich wollte, Rolf wäre mein Verlobter. 4. Wenn ich nur keine Angst vor Prüfungen hätte! 5. Wenn Frau Hofer sich heute nur nicht schlecht fühlte! 6. Wenn Hans nur Schreiner würde! 7. Ich wünschte, dieser Besserwisser hätte nicht immer eine Antwort. 8. Sie wünschten, sie könnten sich ein Auto leisten.

C. 1. Wenn ich Pianistin werden wollte, würde ich in Österreich studieren. 2. Wenn wir ein Auto hätten, würden wir nicht immer mit der Straßenbahn fahren. 3. Wenn das Schild nicht da vorne hinge, würde der Taxifahrer das Restaurant nicht finden. 4. Wenn die Studenten sich dafür interessierten, würde ich viel darüber sagen. 5. Wenn er nicht so bescheiden wäre, würde er mich unterbrechen. 6. Wenn Udo Geld verdiente, würde er sich ein neues Auto kaufen.

D. 1. Dürfte ich mich vorstellen? 2. Könnten Sie bitte langsamer reden? 3. Sollten Sie heute abend so viel Wein trinken? 4. Würden Sie bitte ein Foto von uns machen? 5. Hättest du noch Zeit für mich? 6. Würden Sie mir bitte auch ein Bier bringen?

E. 1. Nächstes Jahr werde ich wieder Deutsch belegen. 2. Letzten Monat sind wir zum letzten Mal zu Hause gewesen. 3. Um zwölf Uhr gehe ich meistens ins Bett. 4. Morgen früh werde ich meinem Chef diese Frage stellen. 5. Ein ganzes Jahr wird sie in der Schweiz bleiben. 6. Vorgestern sollte er von der Firma hören.

F. Anja: Hättest du Lust, nach Grinzing hinauszufahren?
Maria: Ja gern. Dort sollten wir wirklich einmal ein Glas Wein trinken.
Anja: Wir könnten mit unseren Fahrrädern fahren, wenn du wolltest.
Maria: Das wäre toll! Wann sollte ich vorbeikommen?
Anja: Könntest du schon morgen früh um elf Uhr fahren?
Maria: Ja, ich komme um Viertel vor vorbei.

G. Answers will vary.

Chapter 16

A.

sie würde	sie wäre geworden
er arbeitete	er hätte gearbeitet
sie gingen	sie wären gegangen
wir wären	wir wären gewesen
sie schliefen	sie hätten geschlafen
ich ließe	ich hätte gelassen
du wüßtest	du hättest gewußt
ich täte	ich hätte getan
wir führen	wir wären gefahren
er käme	er wäre gekommen
ich schriebe	ich hätte geschrieben

B. 1. ..., wäre er mit seiner Familie nicht umgezogen. 2. ..., hätte seine Frau keine neue Kleiderboutique aufgemacht. 3. ..., hätten sie sich kein zweites Auto kaufen müssen. 4. ..., hätten sie für August keine Urlaubsreise nach Kalifornien geplant. 5. ..., hätten sie am Sprachkurs teilgenommen. 6. ..., hätten beide viel über Deutschland gelesen.

C. 1. ... , sie hätte damals ihren Beruf ändern können. 2. ... , er hätte länger trainiert. 3. ... , ich hätte auf dem Berg schilaufen können. 4. ..., sie hätten damals auf die Demo gehen können. 5. ... , die Schüler hätten nicht so viele Vorurteile gehabt. 6. ... , er hätte damals meine Kritik verstehen können. 7. ... , die anderen Diskussionsteilnehmer hätten damals nicht gefehlt.

D. 1. Wäre ich krank, ginge ich zum Arzt. 2. Wären die Preise gestiegen, hätten wir uns keine Wohnung leisten können. 3. Hätte unsere Tochter ein Auto gehabt, wäre sie zu uns gefahren. 4. Hätte ich mehr geschlafen, wäre ich nicht so müde. 5. Hätten die Touristen mehr Zeit gehabt, hätten sie sich mehr angesehen. 6. Gäbe es weniger zu tun, wäre ich nicht so k.o.

E. 1. Es sah aus, als ob es neu wäre. 2. Sie sah aus, als ob Claudia viel dafür bezahlt hätte. 3. Er sprach Englisch, als ob er Amerikaner wäre. 4. Er tat, als ob es ihm egal wäre. 5. Wir taten, als ob wir ehrlich wären.

F. 1. ... , als wären sie radikal. 2. ... , als hätten sie kein Geld. 3. ... , als wollten sie demonstrieren. 4. ... , als wollten sie auch noch hier übernachten. 5. ... , als blieben sie lange hier.

G. 1. hinüberschauen 2. herfahren 3. herauskommen 4. Geh ... hinein 5. fahrt ... hin 6. hereinzukommen 7. Gehen ... hinaus

H. 1. Er ist als eingeladener Gast hereingekommen. 2. Das verletzte Knie tut mir weh. 3. Die Mannschaft redet noch über das gewonnene Spiel. 4. Sie warten auf die versprochene Kaffeepause. 5. Gretchen sucht noch den verlorenen Koffer.

I. 1. Alles, was Kurt sagt, hat mit seinem neuen Wagen zu tun.
   Ja, ich weiß. Als ob das alles wäre!
2. Du hättest etwas länger mit ihnen reden können.
   Ja, aber ich wollte nicht, daß sie mir Fragen stellten.
3. Wann möchtest du vorbeikommen?
   Nachdem ich meine Hausaufgaben gemacht habe. Die werde ich wohl heute nachmittag machen.
4. Könnte es sein, daß es heute morgen keine Vorlesung gibt?
   Zu blöd! Ich wollte früh vorbeikommen, um mit dem Professor zu sprechen.

J. Answers will vary.

Chapter 17

A. 1. Die Ausländer werden in der deutschen Industrie gebraucht. 2. Nach einigen Jahren werden ihre Familien oft nach Deutschland geholt. 3. Ihre Kinder müssen in deutsche Schulen geschickt werden. 4. Die Heimat wird von den Eltern nicht leicht vergessen. 5. Der neunzigste Geburtstag meines Großvaters wurde gestern gefeiert. 6. Das ganze Haus mußte saubergemacht werden. 7. Blumen und ein paar Geschenke wurden ins Wohnzimmer gestellt. 8. Alle Verwandten und Freunde wurden zur Party eingeladen. 9. Ein leckeres Essen wurde von meiner Mutter und meinen Tanten gekocht.

B. 1. werden; Hans and Sonja will be getting married on June 10th. 2. wurde; I turned twenty-one yesterday. 3. wird; I hope that will come soon. 4. wird; They open the pub in Munich at four o'clock in the morning. 5. geworden; His sister became a famous pianist. 6. werden; Doesn't the house have to be renovated sometime? 7. worden; It was reported in all the newspapers.

C. 1. Ja, die Arbeit ist heute zu machen. 2. Ja, gute Leberwurst ist überall zu kaufen. 3. Ja, das Referat ist in drei Wochen zu schreiben. 4. Nein, die richtige Antwort ist nicht zu finden. 5. Doch, die Tür ist aufzumachen.

D. 1. Man feierte wochenlang. 2. Man trank deutschen Wein. 3. Man hat den Laden noch nicht aufgemacht. 4. Das darf man nicht vergessen. 5. Man hat mir keine Antwort gegeben. 6. Man unterbrach dadurch die Kommunikation. 7. Hoffentlich kann man bald einen Weg finden.

E. 1. They tried to fulfill all the wishes at once. 2. This language can be learned quickly. 3. Good reasons can be found. 4. It was in fact understood by everyone. 5. Why wasn't the manifesto written in various languages right away? 6. It is unbelievable / I can't believe it! 7. In this tavern people often sing until two o'clock. 8. There's a lot of talk about politics at the University.

F. 1. wurde 2. ist 3. werden 4. wird 5. werden 6. bin 7. werden 8. ist 9. werden 10. wurde

G. 1. Ich sehe die demonstrierenden Bürger vor dem Rathaus. 2. Wegen der steigenden Preise wird die Inflation jetzt schlimmer. 3. Am kommenden Samstag heiraten Monika und ihr Verlobter. 4. Ich fahre im kommenden Herbst nach München. 5. Er spricht von dem wachsenden Interesse der Studenten.

H. (Answers may vary.) 1. Ein Zimmerkamerad ist ein Freund, mit dem man im selben Zimmer wohnt. 2. Eine Küche ist ein Zimmer, in dem man kocht. 3. Ein Eßzimmer ist ein Zimmer, in dem man ißt. 4. Der Geburtstag ist der Tag, an dem man geboren ist. 5. Eine Gaststätte ist ein Lokal, in dem man essen kann. 6. Die Muttersprache ist die Sprache, die man zuerst gelernt hat. 7. Der Verlobte / die Verlobte ist der Mensch, den man heiraten will.

Chapter 18

A. 1. Sie meinte, daß alle heute in die Bibliothek gingen. 2. Meine Freundin sagt mir, daß sie gut mit zweihundert Mark pro Woche auskommen könnte. 3. Dr. Fischer sagte, daß viele Männer ihre Meinungen ändern müßten. 4. Er meinte auch, daß wenige seinen Namen wüßten. 5. Meine Mutter hat mir immer gesagt, daß mein Zimmer wirklich unordentlich wäre. 6. Da habe ich ihr immer geantwortet, daß ich es nicht gern hätte, so sauber und ordentlich zu sein.

B. 1. Der Deutsche sagte, sein Land habe das gleiche Problem. 2. Die Professorin sagt, in diesem Fall spiele die Angst eine große Rolle. 3. In der Zeitung steht, der Sportler von heute laufe immer schneller. 4. Mein Bruder meinte, er könne kein neues Auto bezahlen. 5. Im Grundgesetzt heißt es, alle Menschen seien gleichberechtigt. 6. Der Chef sagte, er wisse nicht, ob er mich im Moment brauchen könne.

C. 1. Unser Professor meint, daß dieses Problem schon analysiert worden sei. 2. Eine Feministin sagte, daß die Frauen vor Jahren schon mit diesem Problem konfrontiert worden seien. 3. Mein Vater meinte, daß es einen echten Unterschied zwischen den Geschlechtern gegeben habe. 4. Die Patientin berichtete, daß das Gespräch hauptsächlich um ihre Gesundheit gegangen sei. 5. Der Kunde sagte, daß er den Kellner schon um Schweinefleisch gebeten habe.

D. 1. Wir fragten unseren Kollegen, ob er dort Kontakte hätte / habe. 2. Wir fragten den Beamten, wann der Zug käme / komme. 3. Ich fragte neulich meinen Bekannten, ob er an die Frauenemanzipation glaubte / glaube. 4. Am ersten Tag fragte ein Student, ob hier geraucht würde / werde. 5. Als Sabine zurückkam, fragte sie uns, ob alles schon erledigt worden wäre / sei. 6. Die Angestellte fragte, was ich denn darüber wüßte / wisse.

E. 1. der Dom 2. das Gesicht 3. der Nebel 4. offen 5. mittags 6. schneien 7. sitzen 8. die Gabel

F. 1. die Fahrt; die Fahrkarte; das Fahrrad; abfahren; die Erfahrung 2. das Reisebüro; der Reisepaß; herumreisen 3. das Badezimmer; das Eßzimmer; das Wohnzimmer; der Zimmerkamerad / die Zimmerkameradin; das Schlafzimmer 4. die Buchhandlung; das Drehbuch 5. der Flughafen; das Flugzeug; die Flugkarte 6. die Speisekarte; die Postkarte; die Theaterkarte

Laboratory Manual Answer Key

Chapter 1

na tür lich		wa rum		
ty pisch		zu rück		
Sep tem ber		Ent schul di gung		
ar bei ten		im	Mo ment	
die	Stra ße	grüß	dich	
die	Sup pe	for mell		
al so		die	So li da ri tät	
a ber		der	Stu dent	
viel leicht		der	Tou rist	

Chapter 2

der	Ar ti kel	die	Al ter na ti ve	
der	Jun ge	die	Dis kus sion	
die	Leu te	die	Fa mi li e	
die	Zei tung	der	Kon flikt	
al le		nor mal		
ge ra de		das	Pro blem	
so wie so		re la tiv		
bit te	sehr	so zial		
vie len	Dank	tra di tio nell		
zu	Hau se	die	Bun des re pu blik	

Chapter 3

lang wei lig		die	Mu sik	
lei der		das	Sy stem	
in ter es sant		das	Schul sy stem	
lang sam		die	Haus auf ga be	
die	Freun din	die	Fremd spra che	
die	Deutsch stun de	die	Mo de	
ein	biß chen	die	A me ri ka rei se	
ge nug		be son ders		
dort	drü ben	un be dingt		
a me ri ka nisch		ei gent lich		

164

Chapter 4

das Te le fon — cha rak te ris tisch
der Ur laub — Eu ro pa
hof fent lich — der Kon trast
wirk lich — un kul ti viert
zu sam men — der Bier trin ker
zwei mal — die Ost see
gu te I dee — das Ver gnü gen
mor gen nach mit tag — der Ne bel
noch ein mal — das Kli ma

Chapter 5

an fan gen — der Me cha ni ker
auf hö ren — de ko rie ren
weg ge hen — ein kau fen
ken nen ler nen — spa zie ren ge hen
das Ab i tur — vor bei kom men
ein ver stan den — die Ar bei te rin
un ver nünf tig — die Fa brik
wo her — das Mit tag es sen
e gal — der Ver kehr
der Ki lo me ter — der Kol le ge

Chapter 6

im Ap ril — die Fe ri en
das Kon zert — die Ge schich te
die Me di zin — so fort
die Psy cho lo gie — die Dis ser ta tion
die U ni ver si tät — mit brin gen
an kom men — das Vor le sungs ver zeich nis
der Stu den ten aus weis — pri vat
der Schreib tisch — un mög lich

Chapter 7

die Ge o gra phie — ü ber nach ten
die Fla sche — am A bend
der Na me — I ta li en
die Wo che — die Ju gend her ber ge
tat säch lich — der Tram per
das In ter view — sym pa thisch
pas sie ren — vor sich tig
— der Ver kehr

Chapter 8

das Re stau rant — das Früh stück
der Kaf fee — der In halt
die Gast stät te — der Schnell im biß
der Sa lat — trotz dem
ja wohl — Gu ten Ap pe tit
je mand — die O ran ge
die Ös ter reich er in — die Mar me la de
ü ber set zen — die Kar tof fel

Chapter 9

der	Mo nat	die	In dus trie stadt
he raus kom men		die	Me tro po le
dort hin		das	Mu se um
ge gen ü ber		das	The a ter
da mals		das	Ge bäu de
un ruh ig		die	Po li zei
nach her		ob wohl	
der	As pekt	das	Ca fé

Chapter 10

das	Ge schenk	po si tiv	
be geis tert		na tio nal	
heut zu ta ge		die	Fi gur
so et was		die	Kom mu ni ka tion
sonn a bends		teil neh men	
ex klu siv		der	Schi läu fer
ak tiv		be rühmt	
der	Ath let		

Chapter 11

fern se hen		e mo ti o nal	
in ter es sie ren		eu ro pä isch	
ver ste hen		die	Me tho de
der	Re gis seur	so lid	
er käl tet		das	In ter es se
heu te nach mit tag		der	Ro man
bru tal		das	Ex il
der	Di a log		

Chapter 12

früh stü cken		ka ta stro phal	
die	Pau se	die	Mil li on
das	Se mi nar	die	Re pub lik
mit tel al ter lich		die	Ar beits lo sig keit
die	Po li tik	die	Par tei
das	Ge sicht	der	Po li ti ker
der	An ti se mi tis mus	im vor aus	
i de o lo gisch		all mäh lich	

Chapter 13

die	Fran zö sin	to le rie ren	
die	Kon fe renz	der	In tel lek tu el le
fi nan zi ell		das	Jahr hun dert
re pres siv		pa ra dox	
die	Sow jet u ni on	frei wil lig	
das	Sym bol	das	I de al

Chapter 14

die	Er in ne rung	die	Ab sicht
hin ein ge hen		hei ra ten	
vor kom men		ner vös	
die	Er zäh lung	bei na he	

Chapter 15

ent we der   der   Hu mor

auf ge ben   die   Li te ra tur

a na ly sie ren   die   Psy cho lo gie

die   Dy nas tie   sich   vor stel len

Chapter 16

die   De mon stra tion   of fi zi ell

die   Ab rüs tung   ra di kal

der   Kon greß   das   Pro jekt

ar ro gant   das   Pro zent

die   Bar ri e re   die   Sta bi li tät

der   Di a lekt   die   Kri tik

kon ser va tiv   sub jek tiv

die   Na tur   das   Vor ur teil

Chapter 17

ak zep tie ren   die   Zim mer ka me ra din

per fekt   der   O ze an

das   Lo kal   die   Re li gion

die   Toi let te   vor erst

die   Ga ra ge

Chapter 18

aus kom men   die   E man zi pa tion

ü ber ra schen   der   Er folg

die   E he   das   Pa pier

ste re o typ   haupt säch lich

die   Fe mi nis tin